LE CHATEAU

ET

LA SAINTE-CHAPELLE

DE

CHAMPIGNY-SUR-VEUDE

(INDRE-ET-LOIRE)

NOTICE HISTORIQUE ET ARCHÉOLOGIQUE

PAR

L'ABBÉ L.-A. BOSSEBŒUF

MEMBRE DE LA SOCIÉTÉ ARCHÉOLOGIQUE DE TOURAINE

TOURS

LOUIS BOUSREZ, LIBRAIRE-ÉDITEUR

18, RUE DE L'INTENDANCE, 18

LE CHATEAU

ET

LA SAINTE-CHAPELLE

DE

CHAMPIGNY-SUR-VEUDE

(INDRE-ET-LOIRE)

NOTICE HISTORIQUE ET ARCHÉOLOGIQUE

IMPRIMERIE PAUL BOUSREZ, RUE DE LUCÉ, 5, TOURS.

La Sainte-Chapelle de Champigny-sur-Veude (Indre-et-Loire).

LE CHATEAU
ET
LA SAINTE-CHAPELLE
DE
CHAMPIGNY-SUR-VEUDE
(INDRE-ET-LOIRE)

NOTICE HISTORIQUE ET ARCHÉOLOGIQUE

PAR

L'ABBÉ L.-A. BOSSEBŒUF
MEMBRE DE LA SOCIÉTÉ ARCHÉOLOGIQUE DE TOURAINE

TOURS
LOUIS BOUSREZ, LIBRAIRE-ÉDITEUR
18, RUE DE L'INTENDANCE, 18

PROLOGUE.

La Touraine joint à l'avantage de la grâce, de la fraîcheur et de la fécondité qui l'ont fait surnommer l'*Arcadie de la France,* celui d'être parée d'une forêt de riantes villas et d'imposants châteaux, qui sont tout ensemble les témoins de son histoire dans le passé et les brillants fleurons de sa couronne dans le présent.

Parmi ces manoirs, il en est qui ressemblent au preux du moyen âge, bardé de fer de pied en cap, que la lutte et le temps aient troué ou respecté leur épaisse armure, comme ceux de Chinon, d'Amboise, de Langeais. Il en est d'autres qui sont pareils à d'aimables princesses souriant derrière un voile transparent de verdure, comme les villas de Rochecotte et de Villandry. D'autres enfin, en raison de leur position, de leur destination, à un port gracieux allient quelque chose de fort et de vigoureux, tels les châteaux de Chenonceau et d'Ussé.

Le château de Champigny était du nombre de ces derniers. Situé dans une vallée fertile, au bord d'un cours d'eau limpide, encadré de vieux arbres séculaires, sa silhouette tout à la fois grave et riante se détachait agréablement sur l'azur du ciel et sur le fonds verdoyant de la forêt, tandis que ses pieds étaient baignés par la rivière qui s'enfuit en murmurant : ce qui ne l'empêchait pas, si l'ennemi se présentait, de lui offrir son front de douves, de tours et de défenses habilement ménagées.

Ce qui ajoute à l'intérêt de quelques châteaux de la Touraine, c'est parfois une élégante chapelle, qui en est la compagne et atteste la foi des antiques châtelains en même temps que leur bon goût artistique : par exemple, qui n'a visité avec plaisir celle qui domine la ville d'Amboise ?

Ici, Champigny cesse de marcher de pair avec les autres seigneuries tourangelles, pour les dépasser toutes. La chapelle Saint-Louis, par l'intérêt qu'offrent sa structure, son ornementation et plus spécialement ses verrières, défie toute rivale et demeure vraiment la perle de la Touraine, pour ne pas dire de la France. C'est en vain qu'on chercherait, après la Sainte-Chapelle de Paris, ce bijou hors ligne de l'architecture au moyen âge, un autre monument de la même époque et du même genre qui pût lui être comparé. De toutes les magnificences du XVI° siècle, c'est assurément une de celles qui méritent le mieux, à tous égards, de fixer l'attention du visiteur et de l'artiste.

On peut affirmer sans exagération aucune que c'est un édifice vraiment royal.

J'ai dit royal, c'est qu'en effet Champigny a partagé avec quelques autres châteaux le privilége de recevoir fréquemment rois et reines, princes et princesses, avec les personnages les plus considérables du temps. Sans avoir été jamais propriété royale, il a plus d'une fois donné l'hospitalité aux rois Charles IX, Henri III et Henri IV, à Catherine et à Marie de Médicis ; et il peut revendiquer l'honneur d'avoir été possédé par les plus hautes et les plus illustres maisons de France, à savoir par les cousins, beaux-frères et frères des rois. Quels noms, en effet, que ceux des de Blo, des Beauçay, des ducs d'Anjou, des Bourbon-Montpensier, des Gaston d'Orléans, des Richelieu et des Philippe de France !

Outre l'intérêt spécial qui s'attache à son histoire, il est un côté par lequel la résidence de Champigny rachète aisément le renom retentissant qu'elle pourrait avoir à envier à d'autres châteaux plus fameux. Lorsque le touriste visite tel ou tel manoir de la Touraine, par exemple, il lui semble entendre ici, dans l'enceinte de quelque donjon, là, dans les profondeurs d'un souterrain, ailleurs, derrière les barreaux d'une cage de fer, l'écho des plaintes et des gémissements étouffés de quelque victime célèbre.

Il peut bien y avoir là quelque chose de tragique, qui ouvre la porte à l'imagination, pique la curiosité et ajoute encore à l'intérêt; mais ce n'est pas moins un spectacle attristant, un sujet pénible, qui oppresse le cœur, en réveillant dans l'esprit tout un cortége de douloureux souvenirs.

A Champigny, rien de semblable. Pas de vestiges de cruauté, pas de traces de colère, pas de taches de sang; pas de mânes éplorés, d'ombres vengeresses qui hantent cette solitude.

Tout y respire le calme, la piété, le dévouement, la charité et la justice. Vit-on jamais plus noble et plus pure bannière flotter sur les tours d'un château? et combien elle doit avoir plus d'attrait et captiver plus sûrement les regards et la saine curiosité du visiteur que l'oriflamme plus ou moins sanglante et lugubre qui ombrage de ses plis tel autre vieux castel!

Je n'ai pu, je l'avoue, résister au charme séducteur qui m'attirait vers cet aimable séjour. Trop de souvenirs semblaient à l'envi prendre corps autour de moi et me prier de me faire l'interprète de leur babil confus, et l'écho de leur voix tour à tour enjouée et solennelle; trop longtemps déjà cette légitime satisfaction leur a été refusée, pour que je tente de me dérober. Réduit à ne pouvoir échapper à la témérité que par une fuite honteuse, j'ai préféré paraître audacieux et irréfléchi plutôt que lâche et sans pitié.

Ces circonstances atténuantes me font espérer que le lecteur voudra bien m'accorder toute son indulgence; si je parviens à l'obtenir, ce sera pour moi un engagement à mettre en œuvre les nombreuses pièces que j'ai entre les mains et que je dois à certaines recherches ou à la communication de personnes bienveillantes, auxquelles j'adresse ici toute l'expression de ma gratitude.

Au lieu d'élaguer, de choisir, de résumer les documents, pour ne conserver que les grands traits et me borner à de simples énonciations, séparées de tout ce qui peut leur prêter la vie et le mouvement en les reliant aux époques diverses qui leur ont servi de milieu, peut-être essayerais-je alors d'écrire une histoire complète de Champigny, de ses monuments, de ses œuvres, de ses jours de joie et de deuil; en un mot, de restituer à cette seigneurie la place si glorieuse et si prépondérante qu'elle a occupée longtemps en Touraine, et au cœur même de la France, alors surtout que l'étranger s'acharnait en vain à en arrêter le battement et à en étouffer les généreuses palpitations.

LE CHATEAU
ET
LA SAINTE-CHAPELLE
DE
CHAMPIGNY-SUR-VEUDE

I. — PARTIE HISTORIQUE

CHAPITRE PREMIER.

CHAMPIGNY AVANT LES BOURBONS

§ Ier. — *Avant le xie siècle.*

On sait que la nouvelle division de la France en départements ne correspond pas exactement à la délimitation des anciennes provinces : ainsi le département d'Indre-et-Loire n'a pas les mêmes frontières que la Touraine. Champigny, dont nous entreprenons d'esquisser l'histoire, a conservé les mêmes liens et avec la Touraine et avec le département qui la remplace.

De plus, aujourd'hui, il y a concordance entre les diocèses et les départements : il n'en était pas ainsi autrefois. C'est ainsi que notre localité relevait de la généralité de Tours et de l'officialité de Poitiers.

Quelle est l'origine de Champigny?

Champigny a-t-il, au temps de nos ancêtres les Gaulois

ou les Romains, donné quelques signes de vie, ou bien n'est-ce qu'un bourg construit plus tard, alors que le pays des Francs se constituait féodalement et que les *pagi* commençaient à prendre rang suivant qu'ils avaient à leur tête un homme d'armes plus ou moins en renom? Nous l'ignorons.

Ce qu'il y a de probable, c'est que de bonne heure, les peuplades plus ou moins nomades qui cherchaient à se fixer dans le centre ont dû être attirées par la fraîcheur et la fertilité de ce coin de terre, de cette vallée riante et spacieuse arrosée par deux cours d'eau, le *Mâble* et la *Veude*, — Meabila, Vosda, — qui se donnent la main à Champigny : belle campagne assurément, d'où a pu lui venir son nom de *Campanie,* — Campiniacus, Campaniacus.

Ce qu'il y a de certain, c'est qu'à une époque fort reculée, on voit à notre localité le nom de *villa,* de *vicus* (1).

Bien que, sans doute, Champigny n'ait pas attendu au xie siècle pour avoir une existence un peu personnelle et autonome, entourée d'une certaine influence, cependant ce n'est qu'à partir de ce moment-là que nous pouvons en parler avec connaissance de cause. Jusque-là les fils de toute trame historique nous font défaut.

Donc, nous sommes au milieu du xie siècle. En pénétrant dans ce bourg composé de quelques maisons ou chaumières éparses çà et là sur les bords de la Veude, ou groupées autour d'un tertre couronné d'une demeure plus fortifiée par l'art et la nature, nous pouvons nous apercevoir de suite qu'il y a là quelque regain de cette agitation tout militaire qui remplit le moyen âge. Au cliquetis guerrier, aux cris du héraut d'armes, on devine

---

(1) Cartulaire de Noyers, chart. 591, 604, édition de Mgr Chevalier.

quelque chose de chevaleresque. C'est qu'au centre du *vicus*, Foulques, comte d'Anjou et de Touraine, frère de Geoffroy le Barbu, vient d'établir un camp retranché (1).

§ II. — XIe *et* XIIe *siècle. Bernier et la maison de Blo.*

En l'année 1060, nous trouvons à la tête de cette petite *mouvance*, plus souvent remuée par le bruit des armes que par le fer de la charrue, un chevalier du nom de Bernier, qui possède de vastes domaines. Sachant allier aux goûts militaires l'amour de la religion et le culte des sentiments généreux, il fit plusieurs donations pieuses, entre autres à l'abbaye des bénédictins de Noyers. De son épouse Marguerite il eut cinq enfants : trois garçons, Philippe, Maurice et Aimeri, et deux filles, Marie et Ascéline.

Bernier de Champigny, — c'est le nom qu'il porte, — vécut jusqu'à un âge avancé, car nous le voyons, au début du XIIe siècle, assistant ou prenant part à plusieurs fondations.

On le comprend sans peine, Champigny n'était pas baronnie indépendante. Le chevalier Bernier et ses fils continuèrent à relever des Foulques. Le comte d'Anjou et de Touraine était, à ce moment, Foulques Réchin, à qui son père avait passé ce lourd gantelet dont il souffleta tant de fois les seigneurs de ces deux provinces. Quoi qu'il en soit, ses rapports avec Bernier étaient excellents : au bas de presque tous les actes laissés par Foulques, on voit la signature du chevalier de Champigny (2).

(1) Dom Housseau. Bibliothèque nationale, t. II, ms. 648.
(2) Cartulaire de Noyers, ch. 50, 98, 199, 408, 444, 471. Cartulaire de Fontevrault.

Ce n'est pas tout. On sait combien multiples étaient les rouages de la hiérarchie féodale. Une partie des domaines de Bernier relevait d'un suzerain moins élevé que Foulques, mais pourtant fort considérable ; je veux parler de Gosselin ou Josselin de Blo, dont le fils Robert de Blo se rendit célèbre par ses possessions, sa valeur, son influence dans les conseils des comtes d'Anjou, ainsi que par ses alliances avec les seigneurs de Faye, de la Rajace, et de l'Ile-Bouchard : d'où son appellation de *vir fortis*. Il demeura d'abord à Chinon, puis à Champigny, dont il était devenu le seigneur, *dominus*.

Robert épousa Hersen, la veuve de Peloquin, fils d'Archambaud, seigneur de l'Ile-Bouchard, qui lui apporta en mariage une dot considérable avec un fils qu'elle avait eu de son premier époux. Cet enfant s'appelait Peloquin, comme son père.

Vers 1090, il surgit une querelle entre Foulques et Barthélemy de l'Ile-Bouchard, frère de Peloquin. Robert de Blo, fidèle gardien des intérêts de son beau-fils, en même temps que des devoirs qui le rattachent à Foulques, prend parti pour le comte de Touraine, qui lui confie la garde de la forteresse de Champigny. Malgré tous ses efforts, il ne put tenir contre les troupes de Barthélemy : le château fut pris et brûlé.

Plusieurs des défenseurs et compagnons de Robert furent faits prisonniers, entre autres Garnier Maingoth, son neveu, fils de Renaud Maingoth. Ce dernier fut enfermé dans une cellule et placé sous la surveillance de Payen, homme d'armes de Barthélemy. Cette captivité humiliante l'irrita si fort, qu'une fois mis en liberté, il résolut de se venger de Payen. Sa fierté de caractère était trop connue pour ne pas faire trembler l'ancien geôlier, qui songea à adoucir par tous les moyens la colère de son prisonnier. Ce n'est qu'après un long temps qu'il y parvint, par l'intermédiaire des religieux de Noyers, qui possédaient quelques bénéfices à Champigny.

Garnier consent à la réconciliation, à la condition que Payen, son père et ses frères feront un don à l'abbaye. La condition est acceptée, et à quelque temps de là, Payen donne aux religieux, dans son domaine de Saint-Patrice, un labourage à deux bœufs, comme on dit encore aujourd'hui, en ne faisant que traduire les chartes de l'époque. Robert de Blo apparaît comme témoin dans cette donation.

Après la mort d'Hersen, il épousa Marquisie vers 1100. Il en eut deux fils, Josselin et Robert, que nous trouvons dans plusieurs fondations faites par leur père ou par eux-mêmes entre les années 1120 et 1176.

A l'année 1129 se rattache un événement qui accuse tout ensemble et l'amitié profonde qui unissait les comtes de Touraine aux seigneurs de Champigny, et le rang distingué que ceux-ci occupaient parmi les chevaliers de la province.

Foulques V, dit le Jeune, dans le but de relever davantage la grandeur de sa maison, avait demandé et obtenu, pour son fils unique, Geoffroy le Bel, alors âgé de seize ans, la main de Mathilde, veuve de l'empereur Henri V, fille unique et héritière de Henri Ier, roi d'Angleterre, âgée d'environ trente ans. Pour l'accompagner dans son voyage de Rouen, où se doit célébrer le mariage, Geoffroy prend avec lui cinq des seigneurs les plus notables des États de son père. Robert de Blo est l'un des élus. Les quatre autres sont Jacquelin de Maillé, Robert de Semblançay, Hardouin de Saint-Mars, et Payen de Clairvaux.

§ III. — *Robert II de Blo.*

En 1138, Robert de Blo avait cessé de vivre (1).

Les fils du noble seigneur de Champigny héritèrent de l'esprit chevaleresque et chrétien dont leur père leur avait donné l'exemple. C'est ainsi qu'à plusieurs reprises on voit Josselin et Robert II donner leur consentement à certains legs faits aux bénédictins de Noyers.

Robert II était seigneur de Champigny lorsque Henri II, roi d'Angleterre, par suite du traité de 1156, devint maître de l'ouest de la France. Ce jour-là, l'âme des de Blo, qui n'avaient jamais manqué de fidélité aux Foulque et aux Plantagenet, ressentit une douleur profonde en voyant ce beau pays passer sous la domination étrangère. C'est en vain qu'Henri II vient à Chinon pour gagner à sa cause les principaux chevaliers de Touraine; Robert n'hésite pas à lui refuser obéissance pour prendre le parti de Louis VII, qu'il reconnaît pour son seigneur et roi.

Pendant que d'autres, trop timides ou trop lâches, se rendent sans coup férir, fidèle à sa patrie, il refuse de céder aux injonctions d'Henri et lève contre les Anglais l'étendard de la résistance.

Le futur meurtrier de Thomas Becket, irrité de cette opposition inattendue, marche avec ses troupes sur Champigny, que Robert avait eu soin de munir de travaux et de défenseurs, en y appelant plusieurs seigneurs des environs. L'attaque est vigoureuse : la défense ne l'est pas moins. Enfin, il faut céder devant le nombre : le châ-

---

(1) Cartulaire de Noyers, ch. 93, 95, 98, 131, 132, 140, 175, 199, 249, 255, 341, 442, 450, 508.

teau est emporté d'assaut. Dans cette lutte patriotique, plusieurs gentilshommes perdirent la vie, et d'autres la liberté : au nombre des derniers, il faut compter Baudouin de Brizay, Ory et Aimeri de Blo, proches parents de Robert.

C'est vers cette époque, au cours des querelles entre le roi Henri II et ses fils, qu'un fait merveilleux impressionna profondément le bourg de Champigny. La population, terrifiée par l'annonce d'une nouvelle invasion et d'une attaque imminente de la part des Anglais, se tenait enfermée dans l'église Notre-Dame. Pas de lumière devant l'autel. Tout à coup, en présence des assistants, la lampe qui est devant le crucifix est allumée comme par une main invisible. On rapporte le prodige à Robert de Blo ; il s'en réjouit, en remercie le Ciel, et veut que désormais cette lampe soit entretenue avec vigilance. A cet effet il crée une rente, à l'aide de laquelle Odon, bénédictin de Noyers et prieur de Champigny, et ses successeurs en prendront soin (1).

A sa mort, Robert II de Blo laissa deux fils, dont la naissance était antérieure au fait que nous venons de signaler : ce sont Josselin et Josduin, qui se montrèrent fidèles aux nobles traditions de leurs ancêtres. Avec sa piété et sa valeur, ils héritèrent en particulier du patriotisme infatigable de leur père.

§ IV. — XIIIe siècle. *Josselin de Blo.*

Josselin II épousa Hersinde. De cette union naquit un fils appelé Aimeri. D'un commun consentement, ils

---

(1) Cartulaire de Noyers, ch. 604. — Dom Housseau, VI. 2,193. — Cartulaire de Turpenay.

remettent en 1213 à l'abbaye de Marmoutier les droits qu'ils pouvaient avoir sur le riche prieuré de Tavant.

C'est en vain qu'en racontant l'histoire de ce temps on voudrait pouvoir taire ce qui se rapporte à la guerre avec l'étranger. Impossible de passer sous silence cette lutte sans cesse renouvelée qui fait en quelque sorte partie intégrante et conditionnelle de l'existence de notre patrie et spécialement des provinces de l'ouest.

Philippe-Auguste s'efforce de tenir tête aux Anglais, qui veulent morceler son royaume. Se souvenant à quel degré le courage et le patriotisme sont héréditaires dans la famille des de Blo, il choisit comme chevalier banneret Josselin II, en compagnie d'Hugues de Beauçay, dont nous verrons plus tard les descendants posséder la seigneurie de Champigny.

Noblesse oblige. Josselin ne laissera pas faiblir le bras qui doit porter la bannière contre l'étranger. Il a le culte de ses aïeux aussi bien que de la France. Aussi le voit-on guerroyer vaillamment, son étendard haut levé, tour à tour contre les Anglais, à Bouvines, — contre l'empereur Othon et le duc de Flandre, en un mot, contre tous les ennemis de son pays (1214) (1).

Cependant, à quelque dix ans de là, meurt Josselin II, laissant pour héritier et successeur son fils Aimeri, qui comparaît, avec les seigneurs de la contrée, au ban convoqué à Chinon en 1242.

§ V. — *Maison de Beauçay et d'Artois.*

Emma, fille d'Aimeri, épousa, vers 1260, un gentilhomme d'une illustre famille du Loudunois, Guy de

(1) Cartulaire de Noyers, ch. 591, 604. — Cartulaire de Marmoutier. — Dom Housseau, t. VI. — Léopold Delisle, *Catalogue des Actes de Philippe-Auguste*, 340.

Beauçay, vraiment digne par sa piété et son courage de s'allier et de succéder à l'antique souche des de Blo. Son frère Hugues de Beauçay IV, dit le *Grand*, aussi seigneur de Champigny, ne fut ni moins pieux ni moins courageux (1).

Lorsque saint Louis partit pour la seconde croisade en 1269, l'un et l'autre s'empressèrent de l'accompagner. « Bruyans comme foudre et acerres, » — suivant l'expression d'un vieux chroniqueur, — ils déployèrent tant d'ardeur dans la poursuite des Sarrasins, qu'ils avaient contraints de plier devant Tunis, qu'ils s'avancèrent trop avant et furent faits prisonniers (1270). Ces deux braves ne revirent pas le sol de la patrie (2).

La seigneurie de Champigny passa alors aux mains de Hugues V, fils de Hugues IV de Beauçay, qui épousa en premières noces Almarine de l'Ile-Bouchard, et bientôt après, en secondes noces, Enodarde. De ce dernier mariage naquit une fille, appelée Jeanne, qui réunit sur sa tête les baronnies de Beauçay et de Champigny, avec la seigneurie de la Rajace, située à quelque distance, sur le territoire de Ligré.

Mariée à Geoffroy de Beaumont, chambellan de Philippe de Valois, Jeanne de Beauçay perd son époux en 1360, et voit bientôt sa main sollicitée par Charles d'Artois, — petit-fils de Robert d'Artois, frère de saint Louis, — qui avait secoué les liens de la captivité dont les Anglais l'avaient chargé à Poitiers, où il avait été fait prisonnier avec le roi Jean.

Cette union ne fut pas heureuse. Une sorte de fatalité s'acharna contre ces deux époux qui paraissaient si bien formés pour la fortune et la gloire. A la douleur

---

(1) Cartulaire de Saint-Martin. — Charte de l'abbaye du Louroux.

(2) Guillaume Guyart. *Des royaux lignages.*

qu'ils ressentirent de la perte d'un enfant, il faut joindre une série d'intrigues et de vexations dirigées contre la personne de Charles d'Artois. En bon chrétien, Charles chercha une consolation dans l'affection qu'il portait à son épouse et dans la pratique du bien.

Le 7 mars 1361, nos bons châtelains de Champigny fondent une « aumosnerie, à la charge d'y nourrir et coucher cinq pauvres de ladite ville, à la nomination desdits seigneurs ». A quoi ils ajoutent un aumônier pour le service religieux.

§ VI. — *Maison d'Anjou et de Beauvau.*

Une dernière épreuve leur était réservée. Louis de France, fils du roi Jean, qui, dit-on, n'était pas totalement étranger aux intrigues dont nous avons parlé, en sut tout au moins profiter pour arriver à la possession du château et de la seigneurie de Champigny. Quelle douleur que celle de Charles et de Jeanne expulsés de leur demeure ! C'en est fait : la coupe déborde. Charles meurt de chagrin (1385), et son épouse va ensevelir son deuil dans le château de la Rajace, où elle rendit son âme à Dieu le lundi de Pâques de l'année 1402. Il est probable qu'elle y reçut la sépulture (1).

Les ducs d'Anjou ne devaient pas posséder longtemps le domaine de Champigny. La nécessité de se procurer des sommes considérables pour soutenir ses entreprises en Sicile força Louis II d'Anjou, roi de Naples, à l'engager, puis à le vendre à Pierre de Beauvau, un des seigneurs les plus riches et les plus considérables de son

---

(1) Chartes de l'abbaye du Louroux, de la collégiale de Saint-Mexme de Chinon. — Archives de la commune. — Archives d'Indre-et-Loire, G. 280, 281.

duché. Le prix de ce contrat, passé en 1384, fut de 17 mille ducats d'or, 600 livres de rente, et 400 écus de pension.

Pierre de Beauvau, à ses titres de baron de Beauvau et de la Roche-sur-Yon, put ajouter ainsi celui de Champigny, qu'il légua à son fils Louis, sénéchal d'Anjou et de Provence, chambellan de René Ier, roi de Sicile.

Marié à Marguerite de Chambly, Louis de Beauvau mourut en 1472, laissant entre autres enfants Isabelle de Beauvau, dame de Champigny (1).

CHAPITRE II.

CHAMPIGNY SOUS LES BOURBONS.

§ Ier. — *Bourbons-Vendôme*

Nous avons vu la seigneurie de Champigny possédée tour à tour par les plus illustres maisons de la Touraine et de l'Anjou, les familles de Blo, de Beauçay, de Beauvau et d'Artois. Elle va passer maintenant dans les mains des Bourbons, qui la détiendront pendant plus d'un siècle et demi, pour la léguer ensuite aux princes d'Orléans et aux ducs de Richelieu.

Environ vingt ans avant la mort de son père, Isabelle de Beauvau avait épousé à Angers Jean de Bourbon,

---

(1) Archives de Maine-et-Loire. — Bibliothèque municipale de Tours, ms. 1042, 1043. — Chronique d'Anjou, ms. 1165, 1166, 1167.

comte de Vendôme, qui, d'après les termes mêmes du contrat, ne reçut Champigny qu'après le décès de son beau-père. De ce côté encore notre domaine ne faisait que rentrer dans la noble lignée de saint Louis, pour lequel nous verrons plus tard ses châtelains professer un culte tout spécial. Si, en effet, Charles d'Artois était petit-fils de Robert d'Artois, frère de Louis IX, Jean de Bourbon, qui vient de recueillir cette terre, était à son tour arrière-petit-fils de Jacques de Bourbon, lui-même arrière-petit-fils de saint Louis.

§ II. — *Bourbon-Montpensier, Louis Ier*.

A la mort de Jean de Bourbon, arrivée en 1477, — c'est-à-dire trois ans après celle de son épouse, — Champigny revint à son deuxième fils, Louis Ier de Bourbon, prince de la Roche-sur-Yon. Il épousa en 1504, à Moulins, Louise de Bourbon-Montpensier, fille de Gilbert de Bourbon, comte de Montpensier, et de Claire de Gonzague, qui descendait également de saint Louis. Nous touchons ici à la souche même des ducs de Montpensier, qui a poussé de si nobles et si vigoureux rejetons (1).

La résidence de Champigny avec ses riants coteaux, sa belle vallée si remplie d'eau et de verdure, et son calme si profond, plaisait singulièrement à Louis de Bourbon et à sa femme ; aussi en firent-ils leur séjour habituel.

Cet attachement si bien fondé, non moins que l'amour du beau et le dévouement pour la religion, porta Louis à renouveler et à embellir la terre de prédilection qu'il s'était choisie.

(1) Bibliothèque municipale de Tours, ms. 1170, 1194, 1229, 1230. — P. Anselme, *Histoire généalogique de la maison de France*.

Déjà, vers le milieu du xv° siècle, il existait dans la châtellenie une chapelle avec une sorte de petit chapitre, fondé par les soins des seigneurs de Champigny. La modicité des revenus répondait au petit nombre des chapelains. C'est trop peu pour la piété de Louis de Bourbon, dont on a dit qu' « il s'efforçait fort à imiter saint Louis, et à se former à ses bonnes et saintes mœurs, et à ses belles dévotions (1) ». Il accroît les biens et revenus déjà constitués, et établit une collégiale composée de neuf membres, à savoir : trois dignitaires, — le doyen, le chantre et le prévôt, — quatre chanoines prébendés et deux sacristains, en se réservant le droit de nommer aux places vacantes.

Nous sommes en 1498. Afin de revêtir ce chapitre de la canonicité requise, Louis adresse une supplique au pape Alexandre VI, qui, par sa bulle du 10 janvier 1499, en confirme la fondation sous le titre de « Saint-Louis », et donne au doyen le droit de porter la soutane violette, la mitre, la crosse, l'anneau et la croix pastorale, et de conférer la tonsure à douze clercs nécessaires au chapitre.

Inutile d'ajouter que le prince Louis ne négligea pas de régler « ce qui devait fournir à la subsistance des chanoines non plus qu'à l'ordonnance du service divin ».

Quelques difficultés soulevées à cette occasion par « le révérend père en Dieu Pierre d'Amboise », évêque de Poitiers, finirent par s'aplanir après de longs pourparlers, et furent résolues par un concordat passé le 9 octobre 1520.

Le vieux castel des de Blo, d'ailleurs agrandi et fortifié par leurs successeurs, paraissait à Louis de Bourbon

---

(1) Brantôme, *Vie des hommes illustres*, tome III, p. 271, etc., édition 1722.

insuffisant, non moins que la chapelle attenante au château.

Plein des souvenirs de ses voyages et de l'amour de l'antiquité, importé en France par le souffle de la Renaissance, il se met à l'œuvre. Le château qu'il fit bâtir était fort vaste et très-beau : chacune des ailes était décorée de pavillons majestueux qu'encadrait une double cour et que baignaient au passage les ondes limpides de la Veude.

Mlle de Montpensier nous dit, dans ses *Mémoires,* que c'était une demeure vraiment « royale ». Il n'en reste plus rien à cette heure, si ce n'est les bâtiments de service, qui, transformés avec goût, sont devenus le château actuel de Champigny.

Nous aurons plus tard l'occasion d'y revenir.

C'est en face de ce magnifique manoir que Louis entreprit de faire construire une chapelle digne du chapitre et de son saint patron, et qui, de tous points, répondît à la beauté et à la distinction de sa propre demeure.

Il jeta, vers 1505, les fondements de cette chapelle, qui, plus heureuse que le château, a échappé au marteau des démolisseurs. C'est un beau vaisseau, construit dans le goût de la Renaissance française, et précédé d'un péristyle inspiré par la Renaissance italienne. L'édifice s'éleva lentement. Le prince n'eut pas la satisfaction d'en voir l'achèvement : il ne fut terminé que vingt ans après sa mort.

Afin de ne pas interrompre le fil de notre récit, — ayant d'ailleurs l'intention de reprendre ce sujet au point de vue archéologique, — nous ne parlerons pas davantage de cette chapelle, qui, en raison des reliques dont elle fut dotée, de sa structure et des souvenirs qu'elle consacre, devait prendre et a reçu le nom de « Sainte-Chapelle ».

Le chapitre se dirigea pendant huit ans d'après les règlements édictés lors de sa fondation.

En 1507, pour parer aux difficultés du dehors et du dedans, Louis de Bourbon résolut de faire un corps de statuts qui fixerait tout ce qui concerne la marche de la collégiale. D'accord avec les chanoines assemblés capitulairement, le prince arrête une *Ordonnance* ou *Cérémonial* en 252 articles qui déterminent les fonctions de chaque dignitaire, avec les droits et les obligations de chacun des chanoines, le rituel des offices, les fondations et anniversaires, et enfin la part d'influence que le seigneur de Champigny se réserve pour lui et ses successeurs.

Tout, dans cette longue et intéressante pièce, respire un amour profond de la religion, du bon ordre, de l'entente commune. A chaque ligne brillent la piété et la foi vive de Louis, surtout à l'endroit de « la grande semaine » ou semaine sainte.

Dans le but de relever l'éclat du chapitre et de pourvoir plus largement aux besoins des chanoines et aux exigences des divers offices, le prince de la Roche-sur-Yon demanda au pape Léon X l'annexion à la collégiale de Saint-Louis des cures de Saint-Georges de la Vienne, de Champigny, de Saint-Pierre d'Assay, de Saint-Germain de Préau, de Saint-Martin du Sablon, de Saint-Hilaire de Lémeré et de la Tour Saint-Gelin, avec le pouvoir, pour le doyen, d'absoudre des cas réservés.

Le pape, « pour la plus grande gloire de Dieu et par égard pour les bienfaits du prince, » accueille favorablement sa supplique et le notifie par deux bulles expédiées de Florence, et datées, l'une du mois de février, et l'autre, du mois de mars 1515.

Cette annexion était réclamée, paraît-il, par la situation du chapitre en même temps que par la création de deux nouvelles dignités, — celles de sous-chantre et de trésorier, — de deux autres prébendes et de nouveaux vicaires. Louis de Bourbon, dont la fortune relativement modeste avait été amoindrie par la construction du château et de la chapelle encore inachevée, avait senti le besoin de recourir à ce moyen pour soutenir la collégiale.

Depuis quelque trente ans, cette terre de **Champigny** avait subi des transformations successives qui en avaient fait un lieu de délices. Le prince Louis y vivait heureux dans la compagnie de son épouse, s'efforçant de marcher sur les traces de son patron et de son aïeul saint Louis; comme lui, assistant à l'office et chantant au lutrin, comme lui, ayant grande dévotion pour la vraie croix, comme lui aimant et visitant les pauvres.

§ III. — *Louis II de Bourbon.*

Le 10 novembre 1520, la mort vint l'enlever à ce **milieu** qu'il aimait tant. Son corps fut déposé dans le caveau de la chapelle, qui n'était pas encore terminée. Il laissait un fils, nommé Louis, âgé de sept ans (1).

Sa veuve continua de résider à Champigny, dont elle ne cessa de faire les charmes par son esprit, son amabilité, la fraîcheur et l'à-propos de sa mémoire, que nous montre si bien sa correspondance avec plusieurs princes de France et d'Allemagne. « Très-honorable, sage et vertueuse dame, elle vécut jusqu'à cent ans, et

---

(1) Brantôme, *Vie des hommes illustres*, tome III. — P. Anselme, *Histoire généalogique de la maison de France.* — Archives de la commune. — Archives du département d'Indre-et-Loire, G, 282. — Bibliothèque de Tours, mss. 1229, 1310, 1311. — *Cérémonial de la collégiale Saint-Louis.*

sa vieillesse était très-belle; ni le sens ni la parole ne lui manquaient. »

Louis, devenu grand, épousa Catherine de Longvy, fille du seigneur de Givry.

Comme une tige élégante qui pousse ses feuilles et ses fleurs à l'ombre d'un arbre séculaire, s'épanouissait autour et à l'école de l'aïeule ce jeune couple spirituel et aimable, qui l'entourait de l'affection la plus vive et des attentions les plus empressées.

Il ne faut pas croire d'ailleurs que la veuve de Louis Ier vécut dans l'isolement; son frère le connétable de Bourbon, François II et son épouse, la reine mère et d'autres grands personnages la visitèrent à plusieurs reprises.

Fidèle continuateur des intentions et des œuvres de son père, le duc de Montpensier s'attacha à orner et à embellir le château qui venait d'être terminé et à pousser activement les travaux de l'église collégiale.

Pendant que, par suite de certains legs faits par des personnes de la localité ou par des chanoines, comme Gaspard Ruer, Etienne Néron, André Legier, l'aisance du chapitre augmentait, Louis II de Bourbon, grâce à l'influence heureuse de sa mère et surtout de son épouse, obtenait la cession des comtés de Montpensier, du Dauphiné, des baronnies de la Bussière et de la Roche en Régnier.

La Sainte-Chapelle y trouva son compte pour l'élégance et le fini des décorations, non moins que pour la rapidité et la perfection du travail.

Si l'on en croit la date de 1543 gravée sur deux gargouilles, on peut supposer que c'est l'époque de l'achèvement et de la consécration de l'église. Ce qu'il y a de certain, c'est qu'on en faisait la dédicace le 27 avril, et que la nouvelle cloche de la collégiale appelait au chapitre les chanoines « avec très-haut et très-puissant prince monseigneur Louis de Bourbon, duc de Montpensier, prince de la Roche-sur-Yon, comte de Chartres, de Bar-sur-Seine et de Mortain, seigneur de Champigny », le 1ᵉʳ juillet 1545, à l'effet de confirmer et publier à nouveau les statuts et règlements rédigés par le fondateur de la Sainte-Chapelle, « de point en point et selon leur forme et teneur. »

L'année 1551 nous donne une nouvelle preuve de la sollicitude du duc pour le bon ordre du chapitre. D'accord avec les chanoines, il ajouta aux statuts deux nouveaux articles pour établir que « les revenus des dignités et chanoinies vacantes, appartiendront au trésor de ladite église », — et que « les chanoines reçus dorénavant payeraient pour leurs chapes deux livres tournois ».

Il n'y avait pas longtemps que la bonne duchesse de Montpensier était décédée (1561), que des obsèques magnifiques lui avaient été faites en présence des plus grands personnages et des ambassadeurs de la cour, et que son corps avait été déposé dans le caveau de la Sainte-Chapelle auprès de celui de son mari, lorsque le seigneur de Champigny fit une autre perte, encore plus sensible, s'il se peut, en la personne de son épouse, dont on ne savait qu'admirer le plus, de l'esprit, de l'aménité ou de l'habileté et de la prudence dans les affaires les plus difficiles.

A la douleur profonde que Louis ressentit de la privation de ces deux existences qui lui étaient si chères, il faut joindre la peine que lui causèrent les entreprises des ennemis de la France, tant du dedans que du dehors.

Héritier du patriotisme des de Blo et des d'Artois, il n'hésita jamais, même au milieu des incertitudes de plusieurs, à prendre parti pour le roi et sa patrie contre les étrangers et les révoltés, quels que fussent d'ailleurs leur puissance et leur nombre ; et, si l'on peut lui adresser un reproche, c'est d'avoir mis au service de sa conscience trop de zèle et d'inflexibilité.

Les protestants, sous la conduite du prince de Condé, exercent-ils leurs ravages impies et iconoclastes dans le sud-ouest de la Touraine, à l'Ile-Bouchard, à Azay et surtout à Chinon? Louis de Bourbon s'empresse de quitter Champigny pour arrêter leurs insolences (1562). Envahissent-ils le Poitou, en commençant par sa propre demeure? Il dédaigne de défendre ce qu'il regarde comme une chose privée, pour voler au secours de l'armée catholique ; et, le 3 octobre 1569, de concert avec le duc d'Anjou, il défait à Moncontour les belligérants commandés par Coligny, qui bat en retraite vers Niort.

Ses services multiples ne restèrent pas sans récompense. Le roi l'avait nommé, en 1560, gouverneur et lieutenant général de la Touraine : charge qu'il garda et remplit dignement jusqu'en 1565, époque à laquelle il vit un autre lui-même, son fils François de Bourbon, lui succéder dans cette haute dignité dont l'avait honoré la confiance royale (1).

§ IV. — *Fondations pieuses de Louis II de Bourbon.*

Cependant le soin des choses politiques et militaires ne faisait pas négliger au seigneur de Champigny les devoirs de la religion et de la charité chrétienne.

On n'a pas oublié « l'aumosnerie » due à à la géné-

(1) Coutureau, *Vie du prince de Montpensier*. — Brantôme, *Mémoires*, tom. III. — Archives de la commune. — Archives de Chinon. — Cérémonial de la collégiale Saint-Louis. — Lettres du duc de Montpensier au connétable de Montmorency.

rosité de Charles d'Artois et de Jeanne de Beauçay. Louis II de Bourbon fit agrandir cet hôpital. Aux cinq pauvres déjà dotés par ses prédécesseurs, il en ajouta dix autres à perpétuité, avec certains biens, cinq cents livres tournois de rente et un prêtre chargé de faire le service divin et de diriger la maison au spirituel et au temporel, gestion dont il était tenu de rendre compte chaque année.

Cette fondation, ou plutôt cet accroissement d'une antique fondation, eut lieu en 1563.

Quelques années plus tard, afin de répondre aux désirs de ses parents, « et de suivre leurs bonnes volontés et saintes décisions, ainsi que pour la gloire de Dieu et l'augmentation du service divin, et afin de participer aux prières et aux oraisons de la religion et discipline du glorieux confesseur et ami de Dieu, monsieur saint François, » le duc de Montpensier fit bâtir un monastère pour y recevoir à perpétuité « un certain nombre de religieuses du tiers ordre de Saint-François, et y tenir forme et règle de religion ».

L'établissement se composait des salles nécessaires pour les exercices et le logement, avec chapelle et grande cour, le tout entouré d'un enclos de plusieurs arpents. A la demande du noble seigneur, le pape Pie V, par une bulle du 7 juin 1567, confirma l'érection de ce monastère, qu'il appela « Notre-Dame de Bonne-Espérance ».

De fait l'année suivante, seize religieuses franciscaines et deux novices quittaient le couvent de Saint-Julien de Château-Gontier, — qui avait eu fort à souffrir des guerres de religion, — et venaient prendre possession de leur nouvel asile, auquel le prince fit, en outre, don d'une rente de 300 livres. Cette famille religieuse avait la faculté de recevoir six autres membres, mais à la condition que les dernière venues apporteraient une **dot suffisante**.

Quelle était l'intention spéciale de Louis dans cette œuvre? Dans sa pensée, ce couvent avait pour mission « de célébrer à perpétuité une grand'messe de *Requiem* pour le duc et ses ascendants et ses descendants ». Au doyen et au curé de Champigny, chargés du service divin et de la surveillance de la maison, le monastère devait payer 30 sols, « pour offices, instructions, administration des sacrements, et sépultures desdites dames religieuses. » Le couvent était sous la haute direction de l'évêque de Poitiers, Champigny relevant de cette officialité (1).

Louis de Bourbon eut la satisfaction bien due à ses mérites de voir terminer vers ce temps une difficulté relative à la cure de Champigny ; car on n'ignore pas qu'outre la collégiale et les chapelles conventuelles, notre localité possédait et possède encore une église paroissiale qui ne manque pas d'intérêt.

Fixons rapidement les principaux traits de cette affaire.

En 1096, Robert de Blo, fils de Josselin, concède à l'abbaye de Noyers « les revenus, oblations et collation de l'église, située au bord de la Veude et consacrée à la sainte Vierge ». Depuis cette époque, nous y voyons des bénédictins, et, en particulier, dans la seconde moitié du xii° siècle, Pierre de Balgence et Odon, avec le titre de *prieurs,* qui, grâce à certains dons, augmentent les rentes du prieuré.

Les moines jouirent tranquillement de ce bénéfice jusqu'au jour où, à la demande du prince Louis, le pape Léon X, par une bulle de 1515, annexa au chapitre l'église Notre-Dame. Bulle expédiée ne fut pas affaire

---

(1) Archives de la commune. — Archives du département d'Indre-et-Loire, G. 280, 281, 282. — Bibliothèque municipale de **Tours, ms. 1311.**

conclue; car, environ un demi-siècle après, la question n'avait pas encore reçu de solution.

En l'année 1562, nouvelles instances près du pape, qui ordonna à son légat auprès de Charles IX de terminer le différend. Le légat publie les lettres d'incorporation, et en confie l'exécution au vicaire général de l'archevêque de Tours, Jacques Bienassis, qui était en même temps abbé commendataire de l'abbaye bénédictine de Bois-Aubry, située non loin de Noyers, sur la rive opposée de la Vienne.

Les formalités préalables remplies, c'est le 27 août 1568 que, — en présence des procureurs de l'archevêque de Tours, de l'évêque de Poitiers, du doyen du chapitre de Saint-Louis et de l'abbé de Noyers, — la cure de Champigny fut annexée officiellement à la manse capitulaire.

Les clauses du contrat imposaient au chapitre le devoir de nommer à la cure ou prieuré « un ou deux vicaires capables de remplir les fonctions pastorales », et de payer au couvent de Noyers « quatre septiers de bled, huit livres, avec toutes les rentes et obligations dont le prieuré demeure grevé ». Les abbés de ce monastère y puisaient le droit de « nommer toujours à la première vicairie du chapitre (1) ».

Revenons de la Sainte-Chapelle, où siégea notre tribunal ecclésiastique, au palais des ducs de Montpensier.

Louis II de Bourbon avait eu de son union avec Catherine de Longvy un fils, François de Bourbon, qui lui succéda à Champigny, avec plusieurs filles, dont une, Jeanne de Bourbon, fut abbesse de Sainte-Croix de Poitiers.

(1) Cartulaire de Noyers, ch. 591, 604. — Archives da la collégiale de Champigny. — Bibliothèque municipale de Poitiers. — **Archives d'Indre-et-Loire, ms. 282.**

§ V. — *Son second mariage et ses déboires.*

Devenu veuf, il résolut de contracter un second mariage avec Catherine de Lorraine, fille de François de Lorraine, duc de Guise, et d'Anne d'Est, alors âgée de dix-neuf ans.

Le contrat se passa à Angers le 4 février 1550, en présence du roi Charles IX, de la reine mère, du duc d'Anjou, depuis Henri III, des cardinaux de Lorraine, de Guise et de Bourbon, et de plusieurs autres princes, princesses et grands seigneurs. La dot fut de trois cent mille livres : le roi en donna cent mille, « tant en considération des recommandables services rendus à Sa Majesté par le duc de Montpensier et défunt le duc de Guise, qu'à cause de la proximité du sang qui était entre eux. » Le douaire fut de dix mille livres.

On peut supposer sans invraisemblance que, au retour des nouveaux époux, Champigny vit ses salles magnifiques, ses vertes pelouses et ses riants bosquets retentir de brillantes fêtes.

Le duc de Montpensier ne recueillit guère de cette union que les tracasseries de la maison de Guise, qui s'attacha à faire avorter plusieurs projets qu'il avait conçus dans l'intérêt de la pacification de la France. Les vexations des Guises ne furent pas les seuls déboires qui mirent sa patience à l'épreuve. L'année 1572 lui tressa une double couronne d'épines. Sa fille, Charlotte, abbesse de Jouarre, prétextant que sa vocation n'a pas été libre, quitte l'abbaye qu'elle habite depuis dix-huit ans, pour se retirer auprès du comte Palatin, et encourt ainsi l'indignation de son père, qui ne lui rendit ses bonnes grâces que longtemps après, par l'entremise de **Henri de Navarre**.

Vers ce temps, une autre de ses filles, Anne, épouse de François de Clèves, duc de Nevers, meurt en couches. Ses obsèques, qui furent très-solennelles, eurent lieu à Champigny le 25 novembre : le roi Charles IX et Henri de Navarre s'y firent représenter par des gentilshommes, porteurs de lettres de condoléance.

Anne de Montpensier fut enterrée dans le caveau de la Sainte-Chapelle, à côté de Louise de Bourbon, son aïeule (1).

§ VI. — *François de Bourbon.*

Il ne faudrait pas croire cependant que le seigneur de Champigny ne rencontrât de toutes parts que sujets de tristesse. Son fils François de Bourbon le consolait par son tendre amour en même temps que par sa fidélité à sa patrie et à son Dieu. « Brave et excellent prince, distingué par son éminente religion, » il partageait sa vie entre le soin des affaires publiques et les devoirs de sa piété filiale.

Par lettres patentes données à Champigny le 15 septembre 1565, il succéda à son père dans le gouvernement de la Touraine, dont il se démit cinq ans plus tard, après avoir été le modèle du bon lieutenant et du bon citoyen.

Vers 1568, François de Bourbon demanda et obtint la main de Renée d'Anjou, fille unique du marquis de Milière. Malgré la promesse faite au duc du Maine, cadet du duc de Guise, et en dépit des prétentions de ce dernier, le mariage eut lieu : et Renée se rendit à Champi-

---

(1) Coutureau, *Vie du duc de Montpensier.* — Brantôme, *Vie des hommes illustres*, tome III.

gny en compagnie du bon et loyal comte de Chabanne.

Il est à peine besoin de faire remarquer que cette alliance ne contribua pas peu à allumer la haine que le duc de Guise nourrit dès lors contre le duc de Montpensier.

Pendant que Renée d'Anjou se reposait dans son château, comme dans une sorte d'oasis pacifique, loin du bruit des camps et du tumulte des villes, François de Bourbon guerroyait partout où l'appelaient les entreprises des protestants. Dans les intervalles de la lutte, il venait secouer la poussière des batailles, et retremper la tendresse de ses sentiments auprès de son épouse chérie.

C'est ainsi qu'en 1572 nous le trouvons dans son manoir, recevant magnifiquement le roi de Pologne, frère de Charles IX, accompagné du duc d'Alençon, de M. de Nevers et de plusieurs autres grands princes. Il faut peu d'effort à l'imagination pour se représenter l'éclat vraiment royal qui entoura cette réception. Comme le parc, le château et la Sainte-Chapelle durent rayonner de toute leur splendeur !

A quelque temps de là, François de Bourbon fait le voyage de Paris, où il assiste à l'entrée triomphale de Henri III. Il repart ensuite pour le château de Mézières, où son épouse mit au monde un fils qui reçut le nom de Henri (1573).

Déjà Champigny avait vu dans ses murs les plus grands personnages du temps, depuis Charles IX jusqu'à Henri III : la trop célèbre Catherine de Médicis y vint à son tour.

Inquiète, non moins que le roi, à l'endroit des desseins du duc d'Alençon, qui s'était échappé du Louvre pour se rendre à Loches, elle entreprit d'essayer des moyens de conciliation, pour empêcher qu'il n'entrât dans le camp des révoltés. Elle quitte donc Paris, va à

Loches, et de là à Champigny. Pourquoi à Champigny ? Parce qu'elle comptait fort sur l'influence si sage et si autorisée des ducs de Montpensier pour arriver à une entente pacifique.

Accompagnée des maréchaux de Cossé et de Montmorency, elle se rendit au château de Champigny, où le duc d'Alençon vint ensuite la rejoindre. Sans obtenir ce qu'elle désirait, elle réussit néanmoins à faire conclure une trêve de sept mois, à partir du 22 novembre 1579.

Trois ans plus tard, Louis de Bourbon, qui touchait à sa soixante-neuvième année, s'éteignait paisiblement dans son palais des bords de la Veude. Ses contemporains lui décernèrent le nom si touchant et si expressif de « bon duc ». Et de fait jamais personne ne le mérita peut-être davantage. Sa vie tout entière avait été employée au service de la vérité, de la religion et de la patrie : « Dieu et la France, » telle était sa devise. Pareil au preux de la Bible, d'une main il avait tenu vaillamment l'épée des combats, et de l'autre il s'attachait à faire bien et à être utile à tous. Il avait commandé les armées du roi pendant treize ans, livré nombre de batailles, et remporté quatre grandes victoires. Les dernières années de sa vie devaient être consacrées d'une façon toute spéciale à l'exercice des bonnes œuvres. C'est ainsi qu'il lègue cent livres de rente à l'hôpital de Champigny qu'il a déjà étendu de ses largesses, et qu'il entreprend de faire bâtir les dix-huit maisons de la *rue des Cloîtres*, destinées à servir de logement aux chanoines de la Sainte-Chapelle (1).

Après la mort de Louis II, il s'éleva une difficulté entre sa veuve Catherine de Lorraine et le duc François. Se

---

(1) Coutureau, *Vie du prince de Montpensier*. — Brantôme, *Vie des hommes illustres*, tome III. Archives de la collégiale. — Bibliothèque municipale de Tours : Articles de la trêve, 749.

fondant sur son titre de légataire universelle des meubles de son époux, Catherine ne prétendait à rien moins qu'à retenir les ornements de la collégiale. François de Bourbon lui contesta ce droit. Portée devant la cour, l'affaire fut tranchée par un arrêt du parlement du 7 juin 1585, qui donna raison au duc de Montpensier contre la demande de sa belle-mère.

Dix années s'étaient à peine écoulées depuis le décès de son père, lorsque François de Bourbon mourut à Falaise (1592). Son fils Henri était âgé de dix-neuf ans.

§ VII. — *Henri duc de Montpensier.*

On eût dit que tout ce que la lignée des ducs de Montpensier renfermait de foi vive, de valeur infatigable, de bonté exquise et de dignité chevaleresque était venu se condenser et s'épanouir en la personne du jeune Henri.

Digne à tous égards de recueillir ce patrimoine d'honneur et de fidélité à la royauté nationale, et sentant battre dans son cœur la passion des nobles choses, le jeune duc vole dans les rangs de l'armée d'Henri de Navarre. Son ardeur de vingt ans ne calcule pas longtemps : le roi de Navarre, qui vient de faire son abjuration, personnifie trop bien à ses yeux la monarchie traditionnelle, pour lui permettre d'hésiter. Au siège de Dreux (1593), notre jeune seigneur prouva une fois de plus que

> La valeur n'attend pas le nombre des années.

Dans l'entraînement de la lutte, le 18 juin, il reçut au visage une large blessure d'où s'échappa une grande quantité de sang. Quoique bien guéri en apparence, il conserva une maladie de langueur qui devait prématurément le conduire au tombeau, sans lui faire oublier cependant ce qu'il doit à lui-même, à ses ancêtres et à sa patrie. Il fut tour à tour gouverneur de Normandie et commandant de plusieurs armées.

Arrivé à l'âge de vingt-six ans, il épousa Henriette Catherine de Joyeuse, fille unique du duc Henri de Joyeuse, maréchal de France, et de Catherine de la Valette, qui, par sa grâce et ses brillantes qualités, contribua à embellir la vie déjà si bien remplie du seigneur de Champigny.

Si Henri de Montpensier était passé maître dans l'art de moissonner les lauriers militaires, il ne savait pas moins cueillir les palmes du désintéressement et de l'amour du bien.

Poussé par cet attachement pour les choses religieuses qui était traditionnel dans sa famille, il fonda à Champigny un couvent de minimes, dont on voit encore les restes non loin du château actuel. Cette fondation est de 1604.

A la suite d'un pèlerinage qu'il fit à Lorette, le duc de Montpensier bâtit la chapelle de « la Bonne-Dame », autrement de Notre-Dame de Lorette, qui n'offre rien de capable d'intéresser l'amant des beaux-arts.

A mesure qu'il approche de la fin de sa carrière, il semble qu'Henri redouble d'assiduité à l'office de la collégiale, de dévouement pour son épouse et de tendresse pour sa petite Marie, parée de toutes les grâces enfantines de l'aurore de la vie. Elle était née le 15 octobre 1605.

Nous sommes en 1608. Le noble châtelain de Champigny n'a que trente-cinq ans ; et cependant il touche à l'année qui doit recevoir son dernier soupir.

Les forces d'Henri s'affaiblissent de plus en plus. Il est bientôt réduit à garder la chambre, puis le lit. Durant sa maladie, il ne cessa de s'en remettre à la volonté de Dieu, qu'il priait avec ferveur dans les intervalles de ses souffrances, et surtout pendant le silence de la nuit. Naturellement courageux, il soutenait encore cette force native par la vue habituelle du crucifix, la méditation des vérités chrétiennes, et par la sainte communion. Pas une plainte ne s'échappe de sa bouche.

Lorsqu'il sent la mort approcher, il exprime ses dernières volontés, console son épouse en larmes, — qu'il n'a pas besoin de recommander à Henri de Joyeuse, devenu religieux capucin après la mort de sa femme, et présent aux côtés du malade; — confie sa fille bien-aimée à son fidèle Montoblon, en l'adjurant, si elle meurt sans enfants, de retourner ses biens à la couronne, à la France, et enfin ordonne de fermer désormais sa chambre à tous les visiteurs, excepté aux personnes consacrées à Dieu, afin de n'être plus aucunement distrait de la pensée des choses du ciel.

C'est le 27 février qu'Henri de Montpensier rendit sa belle âme à son Créateur.

A l'annonce de sa mort, ce fut partout un deuil profond. Petits et grands, serviteurs et princes, tous ne purent retenir l'expression de leurs regrets.

Qui n'eût pleuré, en effet, ce jeune duc, « pieux, vaillant, patient et juste, » dont l'existence était sitôt moissonnée, et qui déjà semblait avoir toute la prudence et la sagesse d'une vieillesse consommée?

En apprenant cette triste nouvelle, Henri IV fit de lui le plus bel éloge :

« Il a, dit-il, bien aimé Dieu, servi son roy, bienfait à tous, et jamais fait de tort à personne. »

On consacra ce royal panégyrique en le gravant sur le tombeau d'Henri de Montpensier, avec quelques additions. Cette inscription résume et caractérise trop bien l'histoire de celui que nous venons de voir disparaître, pour que nous omettions de la transcrire ici textuellement.

« Deum timens, ab ecclesia nusquam deficiens, regi obsequiens, patriæ amans, parentibus obediens, nulli nocens, omnibus proficiens, regni decor, principum splendor, aulicorum honor, populi amor, Henricus Montispensarius jacet hic. Time. »

Quel magnifique ensemble des plus belles et des plus rares qualités!

C'est assez dire avec quelle solennité et quel immense concours de peuple, de gentilshommes et de seigneurs, se firent les obsèques du duc de Montpensier.

Son corps fut déposé dans le caveau de ses ancêtres. Comme si la mort eût donné son dernier mot et épuisé sa redoutable puissance en frappant cette tête parée de tant de mérites, d'éclat et de jeunesse, il fut le dernier qu'on y descendit (1).

Les échos prolongés du glas funèbre d'Henri retentissaient encore dans le cœur des habitants de Champigny, lorsque les sons joyeux de la cloche baptismale annoncèrent au pays la naissance d'un nouveau-né. Cet enfant, qui devait être une des gloires de la France par son beau talent pour la musique, s'appelait Lambert. D'abord page du duc d'Orléans, puis maître de la musique de chambre de Louis XIV, il parvint au comble de la fortune et des honneurs. Il eut une fille, Madeleine, qui épousa en 1662 le célèbre Lulli (2).

§ VIII. — *Marie de Bourbon.*

La fille d'Henri de Montpensier, Marie de Bourbon,

---

(1) P. Anselme, *Histoire généalogique de la maison de France.* — Bibliothèque municipale de Tours, mss. 1218, 1234, 1441. — Inscriptions de la Sainte-Chapelle. — Archives du chapitre. — Archives d'Indre-et-Loire, *Minimes*, G. 601, E, 146, 157, 209, 279.

(2) Tallemant.

devait hériter tout ensemble, et de la seigneurie de Champigny et des excellentes qualités de son père. Sa beauté, les charmes de son esprit et de son cœur, le relief de son nom et l'étendue de ses domaines, tout la prédestinait à un brillant avenir.

La reine Marie de Médicis, qui fit un voyage à Champigny en 1620, songea à la jeune duchesse pour son fils, Gaston d'Orléans. Le prince se montra d'abord peu sensible à ces avances ; enfin il consentit et l'épousa à Nantes, le 7 août 1625.

Les rares qualités de Marie de Bourbon et la naissance d'une charmante enfant changèrent bientôt en un tendre attachement les premières incertitudes du frère de Louis XIII.

C'est en avril 1626 que le palais du Louvre entendit les premiers vagissements d'Anne-Marie-Louise d'Orléans, appelée plus tard « la grande Mademoiselle ». La petite Anne venait à peine de faire son entrée dans la vie qu'elle perdit sa mère, dont elle ne put que connaître le premier sourire et sentir les premiers baisers.

La duchesse de Montpensier mourut le 4 juin 1627, et fut enterrée dans la royale nécropole de Saint-Denis. Une table de marbre noir, placée dans la chapelle de Champigny, indique qu'il devait y être célébré une messe basse tous les vendredis de chaque semaine, et un service tous les ans pour le repos de son âme.

La petite orpheline Anne-Marie grandissait aux Tuileries, sous le gouvernement de Mme de Saint-Georges et sous le regard bienveillant de Louis XIII et de la reine Anne d'Autriche, qui venaient souvent la voir, et qu'elle s'habituait à appeler gentiment « son petit papa » et « sa petite maman ».

CHAPITRE III

CHAMPIGNY APRÈS LES BOURBONS.

§ Ier. — *Richelieu et Gaston d'Orléans.*

Cependant le duc d'Orléans, que son caractère remuant mêlait trop souvent aux agitations et aux intrigues de cette époque, avait recherché et obtenu la main de Marguerite de Lorraine, fille de François de Lorraine. Par ses fautes sans cesse répétées, il se disposait à laisser ravir à sa famille la possession de cette belle terre de Champigny.

C'était l'heure, — fatale pour un grand nombre, — où le tout-puissant cardinal de Richelieu travaillait à élargir son domaine et à préparer l'érection en duché-pairie de la ville qui porte son nom. Il a déjà acquis ou conquis, comme on voudra, les baronnies de l'Ile-Bouchard et de Faye-la-Vineuse. Bientôt la vieille et féodale ville de Chinon passe entre ses mains.

Après cela, Champigny, avec son château, sa chapelle et ses magnificences vraiment princières, pouvait-il bien rester libre et indépendant, à quelques pas de Richelieu? Impossible. L'ambition du ministre de Louis XIII fut servie à point par l'humeur inconstante et les embarras multiples de Gaston d'Orléans. Quoique tuteur de sa fille, le cardinal le force à échanger la châtellenie de Champigny pour la seigneurie de Bois-le-Vicomte, après avoir mis comme condition la démolition préalable du beau château des Montpensier, à la réserve des servitudes. Le contrat d'échange fut passé à Paris le 27 février 1635 (1).

(1) Archives du département d'Indre-et-Loire, G. 279. —

Il ne tint pas aux efforts du grand ministre, — dont les créations s'élevèrent trop souvent sur des ruines, — que la Sainte-Chapelle n'eût le sort du manoir. Mais il fallait pour cet acte de vandalisme l'autorisation du pape, alors Urbain VIII, qui, l'esprit encore tout rempli des splendeurs qu'il avait admirées à Champigny, lors de sa nonciature en France, s'y refusa nettement. Ce serait un acte d'ingratitude que d'oublier ce service rendu par la papauté à la cause des beaux-arts dans notre province. La seigneurie de Champigny ne devait pas rester bien longtemps aux mains du cardinal de Richelieu, ni des siens.

§ II. — *Anne-Marie et Gaston d'Orléans.*

Mademoiselle d'Orléans étant venue en Touraine dans la compagnie de son père, — elle avait alors douze ans, — profita de cette sortie pour faire un voyage au pays de ses aïeux, dont elle avait maintes fois ouï parler aux jours de son enfance.

Elle se rendit donc à Champigny, où elle visita tout d'abord la chapelle, « comme un lieu où la mémoire de ses prédécesseurs semblait l'obliger à y prier pour le repos de leur âme. » Le passage de la jeune et aimable princesse réveilla tout à coup le souvenir des merveilles d'autrefois, et excita dans la population un enthousiasme qui n'échappa point à Mme d'Aiguillon, nièce du cardinal de Richelieu, accourue pour recevoir la noble voyageuse.

En visitant cette terre, « il lui sembla, — c'est elle

A. Duchesne, *Histoire de la maison du Plessis.* — Aubéry, *Vie du cardinal de Richelieu*, t. II, appendice.

qui parle, — ressentir je ne sais quoi de tendre pour les gens qui y sont enterrés. »

Dès lors elle prit la résolution de faire casser le contrat d'échange et de reprendre son domaine de Champigny.

« Il me paraissait, ajoute-t-elle, que mes aïeux m'inspiraient ce que je devais faire et me fortifiaient dans le dessein que j'avais de retirer leur maison des mains de gens qui les avaient indignement traités. »

Aussitôt elle fit part de son projet à son père, qui ne se dissimula point les difficultés dont cette démarche allait être la source. Quoi qu'il en soit, la princesse se met résolument à l'œuvre. Elle confie l'affaire aux soins de conseillers habiles et dévoués qui n'épargnèrent rien pour la faire réussir.

Anne-Marie voit bientôt le résultat répondre à son désir. Un jugement est rendu par le parlement qui porte qu' « elle rentrera dans la terre de Champigny, et qu'elle rendra à M. de Richelieu Bois-le-Vicomte et la Vernalière ; que ce dernier lui paiera la démolition de sa maison et qu'il aura recours contre Monsieur, qui s'était engagé en son propre et privé nom ; enfin que, dans quinze jours, le duc de Richelieu (qui avait hérité de Champigny en 1642, à la mort du cardinal) optera entre faire rebâtir la maison ou donner à Mademoiselle l'argent en dédommagement. »

La clause de recours contre Gaston fut le point de départ d'une longue et épineuse procédure entre le duc d'Orléans et sa fille, ainsi qu'avec le duc de Richelieu.

Il serait fastidieux de narrer ici, d'un côté, les mécontentements de Gaston, sa colère et ses procédés violents à l'endroit de la duchesse, le soin qu'il met à lui ôter ses défenseurs les plus fidèles, — et d'un autre côté, les tristesses mêlées de hauteur d'Anne-Marie, et par-dessus tout son désir de se rapprocher de son père. Qu'il nous suffise de dire que cette affaire si fâcheuse et si embrouillée fut dénouée à la fin de 1656.

La sentence intervenue cassait la garantie accordée au duc de Richelieu et donnait pleinement gain de cause à Mademoiselle. Lorsqu'elle apprit cette nouvelle, à sa demeure de Saint-Fargeau, elle en reçut une joie si grande qu'elle s'empressa d'aller remercier Dieu à la chapelle même.

Le duc d'Orléans, pour lequel l'avocat Talon avait habilement plaidé l'absence de vraie liberté, tout en blâmant fort l'audace des favoris et la lâcheté des gens d'affaire, fut aussi tout joyeux.

Ce n'était pas encore assez pour rétablir la bonne harmonie entre Gaston et sa fille. Ce n'est qu'après des tentatives blâmables de la part du duc et des répliques parfois amères de la part de la princesse, qui disait bien haut « qu'elle n'était pas une enfant », que, grâce à l'entremise du duc de Béthune, une entrevue pacifique eut lieu à Blois entre le père et sa fille.

La paix faite avec Gaston d'Orléans, son procès gagné, Anne-Marie rentre dans sa terre de Champigny, qu'elle a hâte de revoir. En conformité avec l'arrêt du parlement, des experts sont nommés à l'effet d'évaluer les dommages-intérêts édictés par la sentence. Ils sont fixés à cinq cent cinquante mille livres.

Il suffit de remarquer cette somme, en tenant compte de la dépréciation considérable de l'argent, pour comprendre quelles magnificences devait offrir aux regards le château des ducs de Montpensier.

Une fois en possession de Champigny, Mademoiselle mit tout ses soins à entretenir ce qu'elle avait eu tant de peine à récupérer. Elle nourrissait surtout une attention toute spéciale pour la collégiale, ce joyau merveilleux qui avait échappé heureusement aux tentatives de vandalisme de haut lieu.

Le chapitre, alors composé de cinq dignitaires, de quatre chapelains, de deux vicaires et d'un maître de psallette, lui ayant adressé une requête pour lui exposer l'état de gêne où il se trouvait réduit, ainsi que les prétentions vexatoires du vicaire perpétuel nommé à la cure, elle décida, « du consentement des habitants, » que l'on réunirait et incorporerait à la manse capitulaire « le collége et ses dépendances, l'hôpital et une rente de deux cent cinquante livres, destinée au mariage de cinq pauvres filles », avec cette clause que « le collége sera tenu par l'un des chanoines, de vie, de mœurs et de qualités requises et capable d'enseigner la grammaire et les lettres humaines; et que, moyennant ces nouvelles redevances, les statuts touchant la résidence et les fonctions des chanoines seront rigoureusement observés à la lettre ».

Ce qui donne à entendre qu'il y avait eu relâchement à cet égard, au cours de la longue procédure dont nous avons parlé.

L'arrêt de réunion est du 6 avril 1671. Le mois suivant, Louis XIV, par lettres patentes datées de Dunkerque, le confirmait en vertu « de la pleine puissance et autorité royale ».

Une nouvelle preuve de la bienveillance de Mademoiselle pour le chapitre de Saint-Louis, c'est l'autorisation qu'elle accorde aux chanoines, en 1680, d'être inhumés dans la nef de la Sainte-Chapelle (1).

§ III. — *Champigny et la maison d'Orléans.*

En 1685, Anne d'Orléans fait son testament. Louis XIII avait un second fils, Philippe de France, qui épousa Hen-

---

(1) Archives du chapitre. — Lettres de Mlle de Montpensier. —

riette d'Angleterre, fille de Charles 1er. Mademoiselle légua Champigny et ses autres domaines à son cousin, qu'elle établit son légataire universel.

Huit ans après ces dispositions testamentaires, la mort la frappa à Paris, à l'âge de soixante-sept ans.

Si l'on veut savoir ce que valait à cette époque la terre de Champigny, on n'a qu'à se rappeler que, — indépendamment des redevances multiples en blé, vin, bois, etc., ainsi que des rentes diverses, — elle était affermée au prix de quatre mille livres (1).

Notre seigneurie devait avoir le sort de toutes les grandes choses de ce temps. Après avoir appartenu à de nobles et vaillantes maisons, comme celles des de Blo, des Beauvau, des Beauçay et des Bourbon-Montpensier, dont la dernière tige fut Anne-Marie, nous la voyons détenue par les ducs d'Orléans, qui furent trop souvent mêlés aux passions et aux troubles de ce siècle de décadence.

C'est ainsi qu'à la mort de Philippe de France, arrivée en 1701, Champigny vint en la possession de Philippe II d'Orléans, qui épousa Françoise-Marie de Bourbon, fille de Louis XIV, et fut régent pendant la minorité du jeune Louis XV.

Avec ses ruines et ses gloires qui persistent au milieu des destructions, notre châtellenie est à cette époque l'image fidèle de la France, dont toute la vitalité, la dignité et la grandeur s'en vont presque en lambeaux.

Quelle distance prodigieuse pour Champigny, entre Hugues de Beauçay et Philippe le Régent! De même pour la France, quelle différence désolante entre

---

Ses *Mémoires*, tom. XL, XLI, XLII, de la collection Petitot. — Archives du département d'Indre-et-Loire, G. 279, 280, 281.— Bibl. de Tours, ms. 1311.

(1) Archives du département d'Indre-et-Loire, G. 279.

Louis IX et Louis XV ! De pareils rapprochements se passent de tout commentaire.

Quelle triste auréole pour notre intéressante seigneurie ! Quel lugubre manteau pour notre belle France ! — Que de deuil, de ravages à Champigny durant cette période de cinq siècles ! Sur le sol de la patrie, que de déchirements, de spectacles affligeants, au cours de ces cinq cents ans ? Dégénérescence sur toute la ligne. C'est le crépuscule avant-coureur de la nuit.

Le Régent mort, c'est sous le gouvernement de son fils et successeur, Louis duc d'Orléans, premier prince du sang, marié à la fille d'un prince allemand et décédé à l'abbaye de Sainte-Geneviève en 1772, que la terre de Champigny entra dans la famille de Richelieu, qui, nous l'avons vu, l'avait possédée à titre provisoire pendant quelque vingt ans, et finalement la conserva jusqu'à l'aurore de la révolution.

Mais, avant de transmettre son domaine à la maison de Richelieu, Louis d'Orléans opéra un changement notable dans le personnel et dans le fonctionnement du chapitre.

En l'année 1742, les chanoines de Saint-Louis s'étaient adressés à lui pour lui remontrer la détresse à laquelle ils étaient condamnés, leurs revenus, tout compris, ne montant qu'à 4,600 livres, et leur personnel s'élevant à dix-neuf membres ; et pour lui demander en conséquence « de vouloir bien réduire le nombre des bénéficiers au chiffre porté par la bulle d'érection, c'est-à-dire à neuf », par manière d'extinction, de façon que « lorsqu'il y aurait des décès ou des démissionnaires, le revenu des prébendes fût réversible sur chacun des survivants ».

Le duc d'Orléans acquiesça à la demande du chapitre, et, le 4 juillet 1749, il rendit dans ce sens une ordonnance qui réglait en détail l'ordre d'extinction et la part réversible pour chacun, et se terminait par un appel à l'observation des statuts et règlements.

A Champigny, ainsi que dans le reste de la France, nous voici arrivés à l'époque des décadences et des suppressions.

Le vent du sensualisme, de la frivolité et de l'incrédulité qui souffle sur la société, entasse partout les ruines intellectuelles, morales et artistiques.

Nous venons de voir la collégiale diminuer le nombre de ses membres.

Au même temps nous assistons à la suppression totale d'un autre asile pieux.

On se souvient qu'en 1565 Louis de Bourbon avait fondé un couvent de franciscaines. Florissant vers le milieu du XVIIe siècle, où il compta jusqu'à vingt-quatre religieuses, ce monastère vit ses bâtiments tomber en délabrement et ses hôtes se retirer, avec l'autorisation de l'évêque de Poitiers, dans d'autres maisons de leur ordre. En 1748, les franciscaines, d'accord en cela avec la marche des choses, demandent la suppression de leur communauté et leur réunion à celle de Mirebeau. Après enquête sérieuse, ordonnée et dirigée par l'évêque diocésain, cette suppression et cette réunion sont décrétées.

Tandis qu'une portion des biens revient au couvent de Mirebeau, l'autre partie est annexée à l'hôpital de Saint-Aignan, pour l'acquit de charges diverses, entre autres celle de payer à l'ex-supérieure une rente de 250 livres.

En 1760, toutes les difficultés étant aplanies et toutes les formalités remplies, le roi sanctionne ce qui a été fait.

Au cours de ces négociations, Champigny changea de possesseur.

Suivant que nous l'avons dit plus haut, le régent Philippe, mort en 1723, transmit cette seigneurie à son fils

Louis, duc d'Orléans, pair de France, et grand maître des ordres de Notre-Dame du Mont-Carmel et de Saint-Lazare, qui, à son tour, par acte du 7 juillet 1750, la vendit, avec les domaines de la Rajace, Thizay et leurs annexes, à Louis-François Duplessis, duc de Richelieu, pair et maréchal de France, alors marié à Élisabeth de Lorraine.

La vente fut effectuée au prix de 130,000 livres, dont 80,000 livres payables de suite, et le reste dans une période de quatre années sans intérêt aucun (1).

C'en est fait de notre royale châtellenie. Son prestige diminue chaque jour. La Sainte-Chapelle elle-même est délaissée au point qu'en 1766, les chanoines sont obligés de rappeler au duc de Richelieu les nécessités urgentes de l'entretien et des réparations.

Durant cette phase de décadence et d'oubli, — qui aboutit à l'effervescence grande et féconde, à certains égards, de 1789, puis au frémissement de 1791, et enfin au cataclysme sanglant de 1793, — Champigny appartenait à Louis-Antoine Duplessis, duc de Richelieu, pair et maréchal de France, dont le fils servit dans l'armée de Russie, et ne fut pas étranger au traité de 1815, où il prit énergiquement la défense des intérêts de sa patrie.

Dernier trait par où le soir de cette gloire qu'a connue Champigny ressemble à la spendeur de son aurore ; je veux parler de cet amour de la France, de ce patriotisme qui a poussé en tous temps de si profondes racines dans cette antique seigneurie.

Au milieu des tristesses qui marquèrent ces derniers jours, nous sommes heureux de retrouver au bout de

---

(1) Statuts du chapitre, — Cartulaire de l'évêché de Poitiers, — Archives de Champigny, — Archives de la préfecture, G. 279, 280, 282, — P. Anselme, *Histoire de la maison de France*, t. IV, c. 18.

cette chaîne si longue de châtelains, ce grand et généreux amour de la patrie qui a survécu à tous les naufrages, et s'est transmis jusqu'à la fin comme le plus précieux et le plus indestructible des patrimoines.

La Révolution se lève sur le monde. Tandis que d'une main elle saisit injustement le bien des Français, de l'autre elle s'essaie à prendre brutalement leur propre tête.

Que vont devenir la collégiale et le château, ou plutôt les restes du château ?

Nous sommes en 1790. Soit effarement, soit entraînement d'idées, soit tendances spéciales, les chanoines de Saint-Louis, de concert avec les Minimes, font les déclarations les plus favorables. La fête de la Fédération arrivée, la vieille chapelle essaie de sourire une dernière fois en voyant, au milieu d'une grande pompe, le colonel de la garde nationale présenter son drapeau tricolore à la bénédiction du doyen qui lui donne l'accolade.

La vaste cour du château voit à son tour se dérouler les flots de la foule amoncelée autour de l'étendard national.

C'est encore de l'ivresse ; à bientôt le *delirium tremens*, les violences, la Terreur.

En vain les chanoines essaient d'exhausser leurs protestations de civisme au niveau des exigences des sectaires ; en vain, en présence des bruits de suppression de leur collégiale et de mainmise sur leurs biens, ils déclarent « qu'ils ont toujours été personnes charitables et de bonne vie, prêts à secourir l'indigence et le malheur » ; le chapitre de Saint-Louis partage le sort des autres institutions religieuses et sombre dans le déluge universel de toutes les libertés.

Après la confiscation par l'État, la spoliation, l'outrage et le sacrilége par les hordes révolutionnaires.

Le dernier propriétaire de Champigny avant la Révolution fut Louis-Antoine Duplessis, duc de Richelieu, pair et maréchal de France ; le dernier doyen de la collégiale fut Antoine, chevalier de la Brosse.

Les seigneuries de Champigny, de la Rajace et de Thizay furent vendues le 21 août 1791. M. de Quinson, chevalier de Saint-Louis, ancien receveur général du clergé, en fit l'acquisition pour la somme de deux cent treize mille cent livres. Il acheta, cinq ans plus tard, la Sainte-Chapelle, qui échappa ainsi à l'avidité sauvage des pillards (1).

Pendant les semaines lugubres de la Terreur, M. de Quinson resta à Paris. Aux jours où se faisait une éclaircie, il en profitait pour venir à Champigny, qu'il faisait administrer habituellement par son fidèle régisseur appelé Henri. Lorsque l'ouragan révolutionnaire fut apaisé, M. de Quinson se retira dans sa nouvelle campagne où il occupa sa vie du double soin d'effacer les outrages de la démagogie en travaillant à lui restituer quelque chose de son ancienne splendeur, et de répandre autour de lui toutes sortes de bienfaits.

Son neveu, M. le marquis Costa de Beauregard, premier écuyer de Charles-Albert, roi de Sardaigne, à qui il transmit ce domaine en 1825, marcha sur ses traces et n'épargna rien pour donner au manoir, à la Sainte-Chapelle et au parc comme un arrière-reflet des magnificences qu'ils avaient connues naguère.

L'intérieur du château et l'extérieur de la collégiale eurent surtout un elarge part dans cette intelligente restauration. Il n'est pas jusqu'à l'immense étang, creusé par les ducs de Montpensier, que M. de Costa n'ait réussi à rétablir vers 1847.

(1) Archives du chapitre. — Archives de Champigny. — Archives du département d'Indre-et-Loire. G. 282, Biens nationaux. — Bibliothèque de Tours. — Manifeste du chanoine Lesuire de Saint-Louis.

Depuis l'année 1860 le château et la terre de Champigny appartenaient au comte Augustin de la Roche-Aymon, qui n'a pas mis moins d'empressement que son prédécesseur à entretenir et à restaurer la Sainte-Chapelle. Il vient de mourir prématurément, il y a quelques semaines, léguant à ses deux fils, avec son vaste patrimoine, de beaux exemples de vertu et d'amour des choses élevées, que continue d'ailleurs si bien sa noble veuve et que recueillent si précieusement ses enfants et ses petits-enfants.

Nous avons parcouru la première partie de notre carrière.

Passons des faits aux monuments, de l'histoire à l'archéologie.

II. — PARTIE ARCHÉOLOGIQUE

CHAPITRE I.

COUP D'ŒIL GÉNÉRAL.

Les souvenirs que nous venons d'évoquer n'ont-ils laissé de traces que dans les vieilles chartes et sous la poudre des bibliothèques? A Dieu ne plaise. Ils demeurent comme incrustés dans les monuments qui ont survécu aux coups du temps et des barbares.

Notre tâche serait donc incomplète si, après avoir retracé l'historique de Champigny, de la collégiale et du château, nous ne nous empressions de faire une visite à ce qui reste de ce séjour princier, et si nous n'allions recueillir pas à pas comme l'empreinte des événements que nous venons de voir se dérouler devant nous.

Nous avons parlé de seigneurie, de chapelle, de logement de pages, de voyages de rois et de reines, de luttes guerrières, de fêtes brillantes et de solennités funèbres. Il est temps de voir ces faits prendre, pour ainsi dire, corps sous nos yeux, et nous apparaître plus directement sur le théatre où ils se sont accomplis.

Donc, ami lecteur, si bon vous semble, transformons-nous en touristes, et faisons ensemble une excursion dans ce bon pays de Champigny.

Apercevez-vous au travers de ces peupliers élancés, de ces ormes noueux, de ces chênes à la puissante ramure, ces bâtiments réguliers, mais bas d'étage, avec des tours écrasées aux extrémités? c'est la demeure des gens de service et des pages, qu'a épargnée le cardinal de Richelieu et qui est devenue le château actuel.

Nous pénétrons dans le parc où croissent tantôt groupés et tantôt solitaires de vieux arbres recouverts de mousse. Comme ces riants jardins et ces frais bosquets qu'arrose la Veude, ornent bien ce site enchanteur et sont à leur tour correctement encadrés par les édifices qui sont à nos côtés !

A l'ouest, voici l'emplacement tout ensemble et du sombre castel des de Blo et de l'élégant palais des Montpensier. De tant de hardiesse et de beauté, il ne reste que quelques pierres destinées à indiquer au voyageur la place des monuments disparus. Au nord, ce vaste bâtiment en fer à cheval, avec grande cour, hautes fenêtres, larges portes, mais d'un aspect très-uniforme, ce sont les servitudes de l'ancien manoir, transformées en habitation des nouveaux châtelains. A l'est, à travers les feuilles capricieuses des platanes, apparaît la Sainte-Chapelle, qui suffira à elle seule à nous dédommager des fatigues de notre lointaine excursion.

La beauté de l'édifice, son parfait état de conservation, les souvenirs qui s'y rattachent ne nous laissent pas la liberté de commencer par ailleurs notre visite.

CHAPITRE II.

LA SAINTE-CHAPELLE.

§ 1. — *L'extérieur.* — *La façade.*

Avant l'intérieur, l'extérieur. Le dehors est si intéressant que nous ne nous pardonnerions pas d'avoir négligé ce panorama.

Tout d'abord ce qui frappe l'œil le moins exercé, c'est la différence qui existe entre le monument lui-même et le péristyle qui le précède. Tandis que, par ses fenêtres, ses contre-forts, ses colonnes, ses voûtes, tout son système d'ornementation, la chapelle proprement dite se rattache à l'époque de transition qui marque le passage du gothique à l'ère nouvelle, et à l'école française, le portique, par l'ensemble aussi bien que par les détails, se relie à la renaissance italienne. Un examen plus attentif nous en convaincra facilement.

Le péristyle mesure 12 mètres de longueur sur 5 de profondeur. Sa façade a toute la gravité de l'antique. Elle est percée au milieu d'une porte large et élevée avec arc à plein cintre ; quatre colonnes à base rectangulaire la décorent. Deux de ces colonnes encadrent la porte d'entrée ; les deux autres sont aux extrémités. L'espace compris entre les colonnes est occupé en bas par deux fenêtres romanes, et au sommet par deux œils-de-bœuf pleins. Au lieu de se dérouler sur une seule ligne, le portique fait saillie aux deux bouts ; chacune des arêtes est formée par un pilastre cannelé. Tout proche, une petite fenêtre sert à éclairer l'escalier qui se trouve dans chaque aile.

Les colonnes et les piliers, au nombre de huit, ont

base et chapiteau semblables : base simple et élevée, chapiteau du plus beau corinthien. Sur le tout règne un remarquable entablement dont l'architrave est sillonnée des filets traditionnels, et la corniche décorée de modillons et d'une rangée de petits denticules, suivant que le comportent les styles corinthien et composite.

Quant à la frise, elle se fait remarquer par des rinceaux en forme d'*s*, séparés alternativement par deux ailes ou *vols* couronnés, et par la lettre *L* avec deux bourdons croisés en sautoir portant l'aumônière et l'écaille du pèlerin, en souvenir des croisades.

Sur chacun des rinceaux on lit le mot *espérance*. C'est la devise même de l'ordre de N.-D. du Chardon, institué par Louis de Bourbon, arrière-petit-fils de Robert, en 1360. Les chevaliers, au nombre de vingt-six, portaient la ceinture en velours bleu céleste, doublée de satin rouge, et brodée d'or, avec le mot *espérance* en relief. Nous retrouvons ici cette ceinture et cette devise, parce que les Bourbon-Montpensier appartenaient à cet ordre, dont ils devinrent même les chefs, en qualité de descendants du fondateur. Souvent d'ailleurs nous aurons l'occasion de les remarquer en compagnie du *vol* et de *L* couronnés, comme emblèmes héraldiques de Louis de Bourbon.

Pénétrons sous le péristyle.

C'est ici que règne un véritable luxe d'ornementation aussi bien sur les parois des murs que sur les caissons de la voûte. Aux motifs que nous connaissons déjà, il faut ajouter un double étage de colonnes grecques superposées, de charmants médaillons surmontés d'une main sortant de la nue, qui tient des lances brisées et jetant des flammes, des guirlandes de roses élégamment découpées, onze niches d'environ cinq pieds d'élévation, jadis occupées par autant de statues : celle de saint Louis se trouvait au centre. Une fois propriétaire de Champigny, le cardinal de Richelieu se hâta de faire transporter ces statues à sa demeure des bords du Mâble.

Le portique confine aux cloîtres latéraux, avec lesquels il communique par deux portes. Une porte romane plus grande conduit à la chapelle. Elle est ornementée d'une profusion d'arabesques et de rinceaux. Outre les *L* et les *vols* couronnés, avec lesquels nous avons déjà fait connaissance, on y aperçoit deux écussons fleurdelisés, surmontés d'un lambel à trois pièces pendantes, qui sont les armes de la maison d'Orléans ; et quatre personnages en demi-relief qui figurent les quatre vertus cardinales : la Justice y tient une balance, la Prudence, un flambeau, la Force, une colonne brisée, et la Tempérance, une coupe. Les nielles qui relevaient ces divers sujets sont presque totalement effacées.

On n'aura pas de peine à reconnaître que nous nous trouvons ici en présence de l'école italienne.

Ce portique, bâti après le corps même de la chapelle, si l'on en croit un cartouche, a dû être achevé en 1549.

Quittons le péristyle pour visiter la chapelle proprement dite, en commençant par le dehors.

Au-dessus du portique, le mur de la façade est décoré d'une rosace simple, divisée dans le sens de la hauteur en trois compartiments ovales, dont celui du milieu, plus allongé, touche l'intrados de la circonférence de l'œil-de-bœuf. Notre visite à l'intérieur nous dira peut-être quel est le sujet de cette verrière.

A la base du pignon court une galerie, bordée d'une élégante balustrade à jour : les intervalles des balustres sont remplis par la ceinture de l'ordre du Chardon, repliée en forme d'*S*. Cette balustrade repose sur une rangée de consoles du meilleur effet.

Quant au fronton triangulaire, il est percé de deux fenêtres romanes, séparées par un pilier décoré de moulures. De chaque côté, l'archivolte porte dans son prolongement l'*L* et le vol couronnés.

Ces fenêtres sont surmontées de deux blasons superposés, dont l'inférieur est plus petit. Ils ont ceci de commun que tous deux sont couronnés et appartiennent à la maison des Bourbon-Montpensier, c'est-à-dire portent « trois fleurs de lis d'or avec bâton de gueules en bande ». Celui du dessous est accompagné à chaque flanc de la ceinture de Notre-Dame du Chardon. Celui du dessous, qui remplit le sommet du pignon, est supporté par deux cerfs ailés, dressés, à la ramure chevillée de quatre cors, dont les pieds antérieurs soutiennent l'écu, tandis que ceux de derrière reposent sur une langue de terre.

Ce blason est entouré du collier de l'ordre de Saint-Michel, auquel pend une croix ; le tout sur manteau fourré d'hermine, et surmonté d'un casque en front et grillé, comme il appartient aux gouverneurs de provinces et aux commandants d'armée.

Deux belles statues de haute dimension décoraient jadis les deux pignons. Sur le pignon occidental, on voyait un saint Louis, la couronne en tête et le sceptre royal à la main. Chaque année, le 25 août, jour de sa fête, le chapitre « baillait six livres » à celui qui voulait gravir le toit, et parer de fleurs la statue de son pieux patron.

Le pignon oriental montrait la statue de saint Michel, tenant sous ses pieds le dragon, qu'il frappe de sa lance, suivant le type traditionnel, reproduit d'ailleurs dans tous les blasons entourés du collier de l'ordre de Saint-Michel.

Ce n'est pas sans une certaine surprise que l'œil, par un mouvement tout naturel, passe de cette façade élancée et de ces armoiries princières au maigre clocher. C'est une sorte de tour hexagone sans grâce, recouverte d'ardoises, sauf une partie qui est abritée par des persiennes.

Il y aurait tout lieu de s'étonner de ce rapprochement, si l'on ne savait que la flèche coquette et élégante édifiée par les soins de Louis de Bourbon fut détruite par un ouragan en 1620, et remplacée à la hâte par celle-ci.

§ II. — *Les contre-forts et le cloître.*

Quelle que soit notre légitime impatience de pénétrer dans la Sainte-Chapelle, comment résister au désir d'en faire le tour, afin d'examiner à loisir cette série de douze contre-forts qui ajoutent tout ensemble et à sa solidité et à son aspect monumental.

Bien que nous soyons à l'époque de transition, nous retrouvons ici comme un dernier souvenir de ces remarquables contre-forts rehaussés de pinacles et de gargouilles qui sont l'un des caractères propres de l'architecture ogivale.

Ce qui distingue les nôtres, ce sont d'abord les colonnettes qui forment les arêtes et les divisent comme en plusieurs étages, sauf dans la partie où est gravé l'écu des Montpensier avec la ceinture accoutumée. Ils sont reliés entre eux par une balustrade semblable à celle de la façade, qu'elle prolonge et continue, et par une ligne de modillons de même forme. Le pinacle qui surmonte les contre-forts est dans le goût du xvie siècle. Il est formé d'une colonne centrale terminée en flèche, à laquelle viennent s'appuyer tout autour quatre colonnes plus petites, réunies à leur tuteur par deux arcs superposés, dont le plus élevé est orné de crosses végétales.

Dix de ces contre-forts reçoivent un arc-boutant dont l'intrados est décoré de fines sculptures, et qui repose à l'autre extrémité sur un second contre-fort, quadrangulaire à sa base, qui se continue par une colonne renflée à double étage, couronnée d'une sorte de calotte et également cantonnée de quatre colonnettes élancées, dont le sommet en aiguille accompagne élégamment la pyramide qui est au centre.

Ce n'est pas sans une certaine analogie que l'on a désigné ce genre de pinacles par le nom de *clochetons-candélabres*.

Ces contre-forts de second ordre portent, eux aussi, les armes des Bourbon-Montpensier.

Faisons remarquer ici que plusieurs de ces clochetons, qui avaient été endommagés ou même détruits, ont été restaurés, grâce à l'initiative intelligente de M. de la Roche-Aymon. Qu'il reçoive en retour les remerciements des amis des beaux-arts.

A l'instar de plusieurs églises du vieux temps, la Sainte-Chapelle est entourée en partie d'un cloître qui se déroule sous les arcs-boutants dont nous venons de parler.

Il n'a pas plus de deux mètres de largeur. Sa voûte ogivale est divisée en travées qui, de deux en deux, correspondent aux contre-forts. Les lignes en sont aisées et correctes. Au fond du cloître, du côté droit, était dressé un petit autel, où l'on portait le Saint-Sacrement, le jeudi saint. Des peintures assez sombres, dans le goût italien, en décoraient le fond et ajoutaient encore au caractère mystérieux de ce pieux asile : elles représentaient la grotte du saint Sépulcre, avec les saintes femmes et les apôtres Pierre et Jean. Cette chapelle, dite « de la Résurrection, » était transformée en chambre ardente lors de la mort d'un chanoine, et l'on y exposait le corps du défunt. Une autre chapelle, placée au fond du cloître, du côté gauche, faisait le pendant avec la précédente. Ce petit oratoire, derrière lequel était un caveau, était dit « du Canon »; il n'en reste plus rien.

Nous avons visité le dehors et le péristyle de la Sainte-Chapelle : pénétrons dans l'intérieur par cette porte en bois sculpté, décorée d'écussons en relief avec incrustations de mastic noir et or, et de personnages symboliques, qui figurent la Foi, l'Espérance et la Charité, dont la première tient un calice, et la dernière porte un enfant sur son bras, tandis que l'espérance met sa main sur son cœur.

§ III. — *L'intérieur : vue générale.*

La première impression que l'on éprouve en entrant est un sentiment d'admiration en face de cette nef large et élancée, où tout, du pavé à la voûte, contribue à fixer le regard et l'esprit. On ne saurait se défendre d'un mouvement de satisfaction à la vue de cette variété et de cette élégance d'ornementation. Mais surtout comment retenir son enthousiasme devant ces verrières si éblouissantes de richesse et de coloris? Toute question d'école et de style laissée de côté, il faut bien reconnaître que nous sommes dans l'enceinte d'un des monuments religieux les plus intéressants qui parent le sol de notre belle France, ornée pourtant de tant de joyaux artistiques.

Le vaisseau mesure neuf mètres de largeur, seize mètres d'élévation, et plus de vingt-cinq mètres de longueur. La voûte, en petit appareil, qui repose sur les murs latéraux, est divisée en trois travées, auxquelles vient s'ajouter l'abside. On n'a pas de peine à reconnaître que l'ogive appartient à cette époque où l'arc en tiers point tend à se déprimer pour redevenir l'arc à plein cintre. Les nervures et les arcs-doubleaux s'appuient sur des colonnes engagées et superposées, dont les plus élevées sont décorées de niches avec dais fort gracieux ; le chapiteau est bien de la Renaissance, et le fût montre l'*L* couronné, avec lequel nous sommes déjà familiarisés.

Les motifs des clefs de voûte de la nef sont les écussons des seigneurs de Champigny. En raison de leur nombre fort considérable et des peintures dont ils sont chargés, on dirait presque d'une mosaïque. Les insignes de la passion ornent les clefs de voûte du sanctuaire ; ils sont portés par des anges placés dans six médaillons, au centre desquels un médaillon plus grand montre la croix vide.

§ IV. — *Les vitraux : observations d'ensemble.*

La merveille de la Sainte-Chapelle de Paris, ce sont les vitraux, qui offrent peut-être le plus beau spécimen de la peinture sur verre au xiiie siècle ; la merveille de la Sainte-Chapelle de Champigny, ce sont les verrières dans lesquelles le xvie siècle a, pour ainsi dire, épuisé tout son art du dessin et du coloris.

Avant de descendre aux détails de chaque fenêtre, laissons nos yeux jouir, comme par une sorte d'avant-goût, de l'effet d'ensemble.

Le regard le moins exercé pourrait-il n'être pas frappé par l'harmonieuse disposition des monuments ou des paysages, par l'heureux agencement des personnages, par la simplicité et la correction du dessin, par tout ce qu'il y a de noble dans les figures, de gracieux dans les poses et d'ondoyant dans les draperies, enfin par l'éclat velouté, éblouissant, inimitable des couleurs ?

Quels ravissants tableaux que ces onze verrières, qui

n'ont pas moins de 3ᵐ50 de largeur et de 7 mètres de hauteur !

Parcourons cette galerie, qui tient en réserve pour les amants du beau tant de surprises et de pures jouissances intellectuelles.

Un trait commun à toutes les fenêtres, c'est qu'elles sont divisées dans le sens de la hauteur par des meneaux, — tantôt trois, tantôt deux, — avec nervures prismatiques. Les compartiments formés par ces meneaux se terminent par une arcade surélevée en forme de talon et sont surmontés de panneaux ovales, sur lesquels viennent se poser à leur tour de petits médaillons qui remplissent le sommet de la fenêtre.

Chaque verrière est ainsi divisée en quatre compartiments bien distincts. L'extrémité présente dans ses petits médaillons l'*L* et le vol couronnés, avec cette particularité qu'on y voit alternativement l'*L* cantonné de deux vols, et le vol accompagné de deux *L*, toujours avec la couronne.

Les panneaux placés au-dessous sont occupés par des scènes de la vie, de la passion de Notre-Seigneur Jésus-Christ, depuis l'agonie jusqu'à l'ascension, et même jusqu'à la descente du Saint-Esprit, qui se trouve dans la onzième fenêtre. La fenêtre centrale fait seule exception et représente, dans ses panneaux moindres, la *création du monde*.

Les grands panneaux se divisent à leur tour en deux parties : la partie supérieure et principale renferme un événement mémorable de la vie de saint Louis, patron de la collégiale ; et la partie inférieure forme une sorte de galerie où apparaissent les portraits des principaux membres de la famille de Bourbon, à genoux sur un prie-Dieu surmonté d'un livre ouvert et portant leur blason respectif.

C'est ici que l'intérêt va croissant. Si les sujets bibliques sont remarquables par la finesse de l'exécution, si les portraits sont comme un musée étincelant de richesses et une mine de précieux renseignements, à leur tour et plus encore, les grandes scènes de l'histoire de saint Louis transportent l'imagination autant qu'elles captivent les yeux.

§ V. — *Les vitraux : examen de chaque verrière.*

Cette remarque générale faite, étudions une à une chaque verrière, en commençant par le côté gauche, c'est-à-dire en suivant l'ordre chronologique.

PREMIÈRE FENÊTRE.

Au sommet, l'*agonie de Jésus-Christ au jardin des Oliviers,* avec ses disciples endormis près de lui, et Jérusalem à l'horizon.

Au milieu, le *sacre de saint Louis à Reims,* le 1ᵉʳ décembre 1226. L'intérieur de la basilique, avec son pavé de mosaïque, ses arcades, ses fenêtres, ses tribunes, le tout exactement reproduit, forment les décors de la scène. Saint Louis, alors âgé de treize ans, est au centre, agenouillé et les mains jointes devant l'évêque de Soissons, qui va le sacrer. Il est entouré de prélats mitrés et de religieux, ainsi que des pairs de France et des princes du sang royal. Au-dessus de la tête des seigneurs flotte l'étendard national ; dans les tribunes, on aperçoit distinctement les spectateurs (1).

(1) Chacune de ces scènes, même quant aux détails, est tirée des *Mémoires de Joinville* : souvent la légende est copiée textuellement.

Rien de plus heureux que l'ordonnance de cette verrière dans l'ensemble et dans les détails. La scène est animée, et cependant précise et sans encombre ; chaque personnage, chaque chose y est à sa place, et parfaitement en relief. Si le dessin est régulier et le contour des draperies excellent, les émaux ne laissent rien à désirer.

L'inscription placée au-dessous, sur verre blanc, porte en lettres majuscules du temps :

« Coment le roy sainct Loys en l'aâge de trèze ans, fut sacré en l'église de Reins par l'évesque de Soissō, le siege archiepiscopal de Reins vacant, présens les pers et prices de France. »

Le panneau inférieur renferme deux portraits :

1° « Claude, cardinal de Givry, evesque et duc de Langres, per de France, » qui, ainsi que l'indique la légende, « a doné les vittres de cestes chapelle ».

Il était fils de Philippe de Longvy, seigneur de Givry, et de Jeanne de Beaufort, dame de Mirebeau; et partant, l'oncle de Jacqueline de Longvy, qui épousa, en 1538, Louis II de Bourbon, premier duc de Montpensier, qui acheva la Sainte-Chapelle. D'abord évêque de Poitiers en 1541, il devint évêque et duc de Langres.

2° « Lois (Louis), cardinal de Bourbon. »

Fils de François de Bourbon, comte de Vendôme, et de Marie de Luxembourg, il fut successivement évêque du Mans, puis de Laon, cardinal du titre de Saint-Silvestre, et, en 1517, archevêque de Sens. A sa mort, arrivée en 1557, il fut inhumé à Saint-Denis (2).

---

(1) Ces remarques historiques et celles qui suivent sont prises du P. Anselme, de A. Duchesne, des Frères Sainte-Marthe, et de biographies spéciales.

DEUXIÈME FENÊTRE.

La *trahison de Jésus-Christ par Judas* forme le sujet du compartiment le plus élevé. Ici encore l'exiguïté du cadre ne nuit en rien à la délicatesse des détails.

Le panneau du milieu représente *Blanche de Castille confiant l'éducation de son fils*, d'une part aux Dominicains et aux Franciscains, et de l'autre aux barons du royaume.

Au fond apparaît le palais royal, avec les gardes. Blanche tient par la main le jeune Louis; il est suivi des dames et des seigneurs de la cour. Devant elle sont les religieux et les barons auxquels elle remet cet enfant qui lui est si cher.

Ce vitrail ne le cède pas en beauté au précédent. Tout y est achevé : décors, costumes, attitude, trait des personnages, couleur, exactitude historique.

L'inscription porte :

« Coment après le sacre et couronemēt du roy sainct Loys la royne Blanche de Castille, sa mère, le bailla à gouverner et instruire à jean de vertu, assavoir, quant aux choses spirituelles, aux frères prescheurs et mineurs, et les choses tēporelles, les gouverna par · le cōseil des saiges chevaliers et barons de France ».

Le panneau des portraits contient :

1° Suzanne de Bourbon, femme de Charles de Bourbon, — qui vient ensuite, — née en 1491, de Pierre II, duc de Bourbon et de « Madame Anne de France », et morte en 1521.

2° Charles, dernier duc de Bourbon, qui épousa Suzanne en 1505. Né en 1485, de « Gilbert, comte de Montpensier, connétable de France », et de Claire de Gonzague, — dont les portraits suivent, — il fut tué au siége de Rome, en 1527, après avoir donné les mains à l'empereur Charles V.

3° « Claire de Gonzague, fille du marquis de Manthoue », femme du suivant.

4° « Gilbert de Bourbon, comte de Montpensier, fils du comte Louis de Bourbon et de Gabrielle de La Tour, dont les portraits sont à la troisième fenêtre. Il mourut en 1496, d'une maladie contagieuse, en Italie, où il avait accompagné le roi Charles VIII. Faisons remarquer qu'à partir de Charles de Bourbon, tous les seigneurs portent le collier de l'ordre de Saint-Michel.

TROISIÈME FENÊTRE.

La *comparution de Jésus devant Pilate* est l'objet du premier panneau. Comme on y distingue bien dans les traits du Sauveur la patience et la douceur, dans ceux des soldats l'audace et l'insolence, et enfin la dignité timide et flottante dans l'attitude du gouverneur. Il y a vérité parfaite dans les costumes juifs et romains.

Le grand panneau rappelle un événement bien connu et digne du plus haut intérêt par le nombre et la diversité des personnages, le relief et la netteté de chacun, en même temps que par l'heureuse ordonnance de l'ensemble. C'est *le transfert à la Sainte-Chapelle de Paris des saintes reliques* que saint Louis vient de recevoir de Baudouin II.

Au fond, le palais de justice et la magnifique chapelle que le bon roi a fait bâtir ; au premier plan les religieux ouvrant la procession, puis les évêques portant les reliques précieuses, suivis de saint Louis, vêtu du manteau royal, le nimbe autour de la tête, les pieds nus et la figure empreinte de vénération. Derrière lui marchent les princes, les seigneurs et les divers ordres de la ville de Paris, tenant à la main, ainsi que le roi, un cierge allumé.

Quelle magnificence de conception! Quelle finesse de dessin! quelle ampleur d'exécution! quelle richesse de draperies! quelle puissance de coloris!

Que de détails à étudier et à approfondir! Au lieu de se livrer à des invraisemblances de costume, parfois aussi ridicules que peu historiques, pourquoi nos artistes ne s'en vont-ils pas puiser à cette mine si féconde et si variée?

On lit au bas de cette page d'histoire :

« Coment le roy S. Loys fist édiffier la saicte chappelle du palais à Paris et y fist apporter reveremt e processio, luy et ses frères y estans nues testes et nudz piedz, la saincte courone, la vraye croix, l'esponge, le fer de la lance et autres reliques qu'il recouvra de l'epereur de Costatinople et des Veniciens ».

Dans le panneau inférieur on voit :

1° Gabrielle de la Tour, fille de Bertrand de la Tour, comte de Boulogne et d'Auvergne, et de Jaquette de Peschin. Elle épousa Louis de Bourbon, comte de Montpensier, qui suit.

2° Louis de Bourbon, comte de Montpensier, troisième fils du duc Jean de Bourbon et de Marie de Berry. Il possédait les comtés de Montpensier, de Dauphiné, d'Auvergne et plusieurs autres terres.

3° Marie de Berry, duchesse d'Auvergne et comtesse de Montpensier, deuxième fille de Jean de France et de Jeanne d'Armagnac, décédée en 1434.

4° Jean, duc de Bourbon, qui guerroya vaillamment contre les Anglais et mourut en Angleterre. Il était fils du duc Louis de Bourbon et de Anne, dauphine d'Auvergne. Marié à Marie de Berry le 20 mai 1400, il fut père de Louis, comte de Montpensier, — dont nous venons de voir le portrait, — et de Charles de Bourbon.

QUATRIÈME FENÊTRE.

Au faîte se trouve la *flagellation de Jésus,* que frappent des soldats aux membres vigoureux et athlétiques. La scène, déjà si bien traduite, est rendue plus saisissante encore par la présence d'un gouverneur ventripotent, sans doute Pilate, qui assiste sans sourciller à cet émouvant spectacle.

Le panneau principal figure *saint Louis recevant la discipline, mangeant les restes des pauvres et leur lavant les pieds.*

A gauche, dans un petit oratoire du palais, le pieux roi, à genoux, se fait donner la discipline par son confesseur, « avec cinq petites chaînettes de fer qu'il portait dans une boîte, » suivant le récit même du bon sire de Joinville. La partie supérieure représente saint Louis faisant servir à sa table les restes des pauvres; pour mieux marquer sans doute la profonde humilité du prince, le peintre a placé, dans l'angle de la salle, un chien, c'est-à-dire l'animal qui d'ordinaire se nourrit de ces restes. Enfin la partie inférieure montre le roi lavant les pieds des indigents, leur faisant donner à manger et s'arrêtant particulièrement à un religieux malade.

Quel tableau animé, du premier plan au dernier! Que de justesse dans la perspective, d'harmonie dans les tons, d'équitable proportion dans les gradations!

S'agit-il des poses? On ne sait qu'admirer le plus, de l'attitude si humble du saint roi, de la posture étonnée et attendrie des pauvres, du sentiment de stupéfaction peint sur le visage des princes et seigneurs qui se communiquent leur surprise comme à voix basse.

S'agit-il du dessin ? Comme tout est achevé dans ces lignes, dans ces contours, dans ces traits, dans ces draperies ! Comme tout concourt admirablement à l'unité de cette scène dont saint Louis est le centre et le héros !

S'agit-il du coloris ? Quelle richesse de tons ! quelle variété de nuances ! quel éclat inimitable dans ces couleurs ! A chaque instant, on est réduit à se demander où le peintre a pu tremper son pinceau.

La légende est ainsi conçue :

« Coment le roy saict Loys pnait discipline par les mains de son cofesseur, portait la haire sur son corps, mengeait le demeurant de ce qui estoit desservi de devant les povres, leur lavait les pies et les nourrissoit lui même de ses mais, donait à menger à ung povre religieux malade et paralitique e l'abbaye de Royaumot, l'abbé ce voyant plorat de ravissemet ».

Au-dessous sont les portraits. Ceux qui ont visité la Sainte-Chapelle il y a quelque quarante ans, ont pu y constater une transposition des personnages causée par l'insuffisance de la restauration destinée à réparer les désastres de la Révolution. Cette fenêtre, ainsi que les fenêtres 6 et 7, avait perdu le véritable ordre généalogique et chronologique des membres de la famille de Bourbon. Une restauration postérieure plus compétente a corrigé ces errements.

Les portraits sont ceux de :

1° Anne, comtesse de Forest, dauphine d'Auvergne, et dame de Beauvau, fille de Bérard, dauphin d'Auvergne, et de Jeanne de Forest ; elle épousa, en 1371, ci-devant Louis de Bourbon.

2° Louis de Bourbon, dit « le bon duc », à cause de la douceur de son naturel, fonda l'ordre militaire de l'Écu-d'Or, et, suivant quelques-uns, l'ordre de Notre-Dame-du-Chardon. Il mourut en 1410. Il était fils de **Pierre de Bourbon et de Isabelle de Valois**, qui suivent.

3° Isabelle ou Isabeau de Valois, fille de Charles de France, comte de Valois et d'Anjou, et de Marie de Châtillon, qui épousa, en 1336, Pierre de Bourbon.

4° Pierre de Bourbon, par sa vertu et sa valeur, gagna la confiance de Philippe IV de Valois, roi de France, et de Jean le Bon. Sa bravoure lui fit trouver la mort à la funeste bataille de Poitiers, en 1356. Il était fils de Louis de Bourbon et de Marie de Hainault, que nous allons voir à l'autre vitrail.

CINQUIÈME FENÊTRE.

Tandis que le premier panneau nous montre *Jésus-Christ portant sa croix*, dans celui du milieu se voit un des traits les plus attendrissants et les plus décisifs de la vie de saint Louis, c'est *son vœu d'entreprendre la croisade en Terre Sainte*.

Nous sommes dans la chambre du roi malade. Il vient de sortir, comme par miracle, de cet état, où, suivant l'expression de Joinville, « il perdit la parole du tout, et on ne lui voyait aucun mouvement ni sentiment. » Sa première pensée est un acte de gratitude pour le Ciel. Il se relève alors sur son séant, soutenu par ceux qui l'entourent, — c'est l'attitude dans laquelle il apparaît; — sa première parole est pour remercier Dieu, faire le vœu d'aller en Palestine, et de demander que « la croix du sainct voiage lui fût apportée ». Aussitôt, l'archevêque de Paris, suivi d'autres prélats, ainsi que des princes et seigneurs de la cour, la lui apporte, comme on le voit dans le vitrail.

Égale aux autres par le fini du dessin et la richesse des draperies, qu'on peut remarquer en particulier dans le lit monumental du saint roi, cette verrière l'emporte sur toutes par les magnificences de ses émaux. Si quelque rayon de soleil vient à traverser cette chambre et à tomber sur la couche du roi, aussitôt quel spectacle féerique ! On dirait d'une représentation magique dans le palais des *Mille et une Nuits*. A quoi comparer ce lit avec ses étoffes étincelantes ?

L'œil ébloui et fasciné ne peut se détacher de cette merveille. Le regard ne se rassasie pas de contempler ces velours, cette pourpre où l'Orient semble avoir épuisé tout le brillant de ses couleurs. Il n'est guère possible, croyons-nous, de pousser plus loin l'éclat et la vivacité des tons, le velouté et le moelleux du coloris. C'est bien ici que le visiteur regrette de ne pouvoir s'assurer par le toucher qu'il n'est pas le jouet d'une illusion.

Faisons taire nos yeux pour en croire l'inscription :

« *Cõment le roy sainct Loys estant griefvemt malade, avec ses frères et plusieurs ātres princ du royaume, firent vœu d'aller outre la mer pour querroer aux infidelles pour mettre la terre saincte au chréstiens.* »

Dans la galerie des personnages il y a :

1° Louis duc de Bourbon, « fils de Robert 1er, duc de Bourbon et comte de la Marche, » 6e fils de saint Louis, — et de Béatrix de Bourgogne. — Sa bravoure lui valut d'accompagner partout le roi Philippe le Bel dans sa lutte contre les Anglais et de devenir un des chefs des croisades. Il mourut en 1341.

2° Marie de Hainault, fille de Jean, comte de Hainault et de Philippe de Luxembourg. Mariée au duc Louis de Bourbon en 1311, sa mort arriva en 1354.

Entre le duc et son épouse se trouve un cartouche soutenu par deux génies.

On y lit : « *Cy après est la généalogie de la maison de Bourbon et de Montpensier.* »

SIXIÈME FENÊTRE.

Cette fenêtre présente une disposition un peu spéciale. Elle n'a que trois panneaux ; encore le dernier est-il privé des petits médaillons qui se rencontrent dans les autres fenêtres.

A la partie supérieure, *Dieu créant le monde* des esprits et des éléments ; et au-dessous, dans le grand panneau, *Jésus-Christ mourant entre les deux larrons*. C'est la mise en scène exacte et symbolique de cette parole de la liturgie chrétienne, *mirabiliter condidisti et mirabilius reformasti :* Dieu créant, le Verbe restaurant la création primitive.

Saint Louis n'apparaît qu'au second plan. Tandis que dans les autres verrières, le sujet de la passion n'occupait qu'un petit espace, ici il remplit le panneau principal ; et le pieux roi est descendu au rang des Bourbons.

Le véritable sens des choses le voulait ainsi. N'est-ce pas le vitrail du centre, du fond de la chapelle, celui qui surmonte le maître-autel ?

Ce tableau est fort remarquable. Le paysage représente la ceinture de montagnes qui entoure Jérusalem avec les plantes indigènes qui y croissent. Les trois croix se dressent sur le fond obscur et chargé du ciel. Avec le calme et la résignation du Sauveur, contraste fort l'agitation convulsive des larrons, qui se tordent sur leur gibet, avec cette différence pourtant que l'un se tourne vers Jésus-Christ, — c'est le bon larron, — tandis que l'autre détourne insolemment la tête, — c'est le mauvais larron.

Partout la vérité la plus exacte. Si la science du corps humain est approfondie, l'exécution répond pleinement à l'observation et à l'analyse.

Au pied de la croix apparaissent les trois personnages

légendaires : Marie-Madeleine, à genoux, pressant le bois sur son cœur ; à gauche, saint Jean, la main sur la poitrine et levant le front vers Jésus, comme pour recueillir une dernière parole ; à droite, debout dans une tristesse profonde, mais héroïquement résignée, la Vierge Marie.

C'est ici le type traditionnel et biblique, rendu avec l'exactitude la plus parfaite, et laissant bien loin derrière lui, dans sa noble et émouvante simplicité, les fantaisies et les exagérations de plus d'un peintre moderne.

Qu'il y a de vérité, en effet, dans ces poses, ces traits, ces membres, dans cette perspective adroitement ménagée, dans ce ciel chargé, dans toute cette scène recouverte comme d'un voile de deuil, qui remplace ici les couleurs voyantes et éblouissantes des autres sujets.

Au-dessous saint Louis debout, la couronne en tête, revêtu du manteau royal semé de fleurs de lis, tenant le sceptre et la main de justice ; — et une femme couronnée, également vêtue du manteau royal. Son costume, sa dignité, sa place aux côtés du roi, tout fait supposer que c'est son épouse, Marguerite de Provence.

Mais alors, pourquoi ce nom d'« Isabeau » écrit dans le cartouche ? Pourquoi ce génie qui supporte, du côté de Louis IX, l'écusson de la maison de France, tient-il dans sa main gauche, du côté de la femme, un blason « parti mi-coupé au 1 d'une fleur de lis et demi d'or, au 2 de gueules et au 3 d'or, » au lieu de celui de Marguerite de Provence, qui était « d'or à quatre pals de gueules » ?

SEPTIÈME FENÊTRE.

La Résurrection de Notre-Seigneur Jésus-Christ, sorti glorieux du tombeau, l'étendard du triomphe à la main, à la grande frayeur des gardes, qui reculent d'épouvante, fait l'objet du panneau du sommet.

L'embarquement à Aigues-Mortes de saint Louis, suivi de la reine et des hommes d'armes, décore le centre du vitrail. A l'angle gauche sont les navires qui doivent transporter les croisés en Terre Sainte. Le roi, tout en semblant adresser quelque doux reproche à sa vaillante épouse qui s'obstine à le suivre, approche du vaisseau. Derrière lui marchent les guerriers bardés de fer, la croix sur la poitrine, la lance et l'épée au poing. Au-dessus de cette scène, qui occupe le premier plan, l'artiste, par un rapprochement heureux, a peint les rivages de l'Égypte avec leur flore spéciale : on y voit disséminées ou groupées des bandes de cavaliers et de fantassins. Comme il arrive souvent aux deux extrêmes, les points de départ et d'arrivée se touchent ici avec infiniment d'à-propos.

Il y a de l'art dans cette perspective, de l'étude dans ces navires avec leurs agrès, de l'observation dans ces costumes guerriers, du courage derrière ces pesantes cuirasses, de l'énergie sur tous ces visages qu'ombrage la casque d'acier. S'il nous venait la pensée toute naturelle de comparer cette verrière avec les précédentes, nous y trouverions moins de fraîcheur et d'éclat, quoique le dessin garde la même correction et une égale distinction.

Autre circonstance digne de remarque : la légende, au lieu de se dérouler dans toute la largeur de la fenêtre, comme dans une seule feuille, se limite à chaque meneau, et forme pour ainsi dire plusieurs feuillets. On y lit :

« Le roy sainct Loys s'embarque avec la royne Marguerite à Aigues-Mortes, le 25 aoust 1248. Le maître de la nef s'écria à ses gens : Est votre besogne prête, sommes-nous à point. Les Sarrasins se voyans battuz devant Damiette, mirent le feu en la cité. »

Le panneau des portraits nous offre derechef l'occasion de constater les soins qu'on a apportés à la seconde restauration, qui a fait disparaître les anomalies de cette verrière. Au lieu de Jean de Bourbon, dont la présence était en rupture de ban avec son écusson et surtout avec Isabeau de Valois, placée à ses côtés, comme son épouse prétendue, nous retrouvons chaque personnage en son lieu.

1° « Robert de France, comte de Clermont, » sixième fils de saint Louis et de Marguerite de Provence. C'est ainsi qu'en parcourant cette intéressante galerie historique, on remonte, de proche en proche, des Bourbons qui occupent la première et la deuxième fenêtre, — par exemple de Charles de Bourbon, grand-père de Henri IV, — à la personne même de Louis IX, souche de la branche des Montpensier, seigneurs de Champigny, et patron de la collégiale.

2° « Béatrix de Bourgogne, femme dudit comte Robert. »

Avant la dernière restauration, ces deux portraits figuraient sans légende dans la huitième fenêtre, et embarrassaient fort les visiteurs, même les moins étrangers aux questions héraldiques.

Entre Robert et Béatrix, on lit sur un cartouche élégamment encadré : « Cy après est la généalogie de la m$\bar{\text{aso}}$ de V$\bar{\text{e}}$dosme et de la Roche sur Y$\bar{\text{o}}$ » (maison de Vendôme et de la Roche-sur-Yon).

HUITIÈME FENÊTRE.

Le sujet supérieur est *Jésus apparaissant à Marie-Madeleine*, sous les dehors d'un jardinier. On ne saurait imaginer plus de grâce en moins d'espace.

Le panneau central représente *la prise de Damiette*.

Au premier plan la flotte déploie ses voiles qu'un vent favorable vient d'amener de l'île de Chypre, où elle séjourna longtemps, et montre ses fiers guerriers, couverts de leur armure et décorés des insignes de la croisade. Au sommet, Damiette dresse son front de murailles et de tours. Le bon roi, « dans son grand désir de combattre les Sarrasins », s'élance à la mer, et aborde au rivage, où débarque bientôt l'armée royale, marchant, sous la bannière de la croix, à la prise de la ville égyptienne. Les Sarrasins effrayés s'enfuient en mettant le feu à la cité. Vers le milieu on voit, du côté gauche, la mêlée des Sarrasins groupés autour du croissant, et des chrétiens serrés autour de l'étendard de la croisade, tandis qu'à droite se déroule une procession avec le légat du Saint-Siége. Quel beau panorama! Quelle magnifique unité et quelle plus magnifique variété ! Quelle animation règne sur terre et sur mer ! Quelle habileté et quelle souplesse dans la reproduction des vaisseaux, quelle vigueur dans les traits de ces braves ! partout quelle justesse et quelle harmonie !

Naguère cette fenêtre portait pour légende le récit de la bataille de la Massoure. Un heureux changement y a fait mettre celle-ci :

« Coment le roy saīct Loys venant de Chipre estant devāt Damiette en Égypte saucta en la mer, couru sus, le soudan estant mort, ce congnoissant, les Sarrasins se sauvèrent, mirent le feu en la cité. Ce que voyant le roy y entra avec le légat du Pape, en chantant le *Te Deum*. »

Quatre personnages occupent le panneau du dessous.

1° « Jacques de Bourbon, comte de la Marche, troisième fils de Louis Ier, duc de Bourbon » et de Marie de Hainault. Il défendit courageusement sa patrie contre l'étranger. Il assista à trois batailles ; blessé dans la première, fait prisonnier dans la seconde, il perdit la vie **dans la troisième.**

Son père est ce Louis de Bourbon que nous avons vu à la cinquième fenêtre.

Ceci nous amène à faire une observation fort utile pour l'intelligence des portraits qui vont suivre. Les sept premières fenêtres exposent la généalogie ascendante d'une des branches de la maison de Bourbon, celle qui tient à Louis IX par Pierre de Bourbon, lui-même petit fils de Saint-Louis ; les quatre autres, y compris celle-ci, développent, par manière de généalogie descendante, la lignée qui se rattache à Jacques, troisième fils du même duc Louis de Bourbon. Ces deux branches se rapprochent et s'allient, on le sait, en la personne de Louise de Bourbon, qui est issue de la première tige, et de son époux, Louis de Bourbon, prince de la Roche-sur-Yon, qui est sorti de la seconde.

2° « Jeanne de Saict Pol, sa femme ». Elle était fille de Hugues de Châtillon, seigneur de Condé, et de Jeanne de Soissons.

3° « Jean de Bourbon, comte de la Marche, fils dudit Jacques ». Désireux de venger la mort inhumaine de sa cousine Blanche de Bourbon, femme de Pierre le Cruel, qui venait de l'immoler à sa colère, et poussé par le roi de France Charles V, il marcha sur l'Espagne, accompagné de nobles gentilshommes, et en particulier du vaillant du Guesclin, en l'année 1368. Il mourut en 1394.

4° « Catherine, comtesse de Vendôme, sa femme. » Fille de Jean de Vendôme et de Jeanne de Ponthieu, elle épousa le comte de la Marche en 1334. Elle vécut jusqu'à un âge avancé.

NEUVIÈME FENÊTRE.

Au sommet *le Sauveur, en compagnie des disciples d'Emmaüs,* arrivant aux portes de Jérusalem. Au-dessous, *la bataille de la Massoure*, avec la peste introduite dans l'armée royale, et la prise de saint Louis par les Sarrasins. Au premier plan, la mêlée des guerriers à pied, à cheval ou étendus à terre au milieu des épées et des lances brisées. A gauche, les bataillons musulmans, qui font une charge foudroyante ; à droite, l'armée des croisés, à la tête desquels apparaît le prince sur un coursier magnifiquement caparaçonné. Ici des soldats qui se rallient pour une nouvelle attaque ; là des tentes ; ailleurs une épaisse forêt de lances, avides de sang, pour employer une expression tout ensemble homérique et biblique.

Quel mouvement dans cette scène vraiment grandiose que couronne la ville de la Massoure ! On dirait d'une toile sortie du pinceau de Horace Vernet.

La légende est ainsi conçue :

« Coment le roy sainct Loys fit plus batailles contre les Sarrasins devāt la ville de la Massère, qu'il tenoit assiégée, où il eut victoire. Mais durāt le siége une pestilence se mist dedans l'ost des chrétiens, aleur faillirent tous vivres. Ce congnoissans les Sarazis assaillirēt le roy et son armée, qui vaillament se defēdit, mais finalemēt fut pris prisonier en une petite ville dénomée Cazel, où il s'estoit retiré. »

Dans le panneau des portraits, on voit :

1° « Loïs de Bourbon, comte de Vendôme, deuxième fils du dict Jacques » et de Catherine de Vendôme, dont il a été question à la fenêtre précédente. Né en 1396, il fut retenu prisonnier par son frère pendant environ neuf mois. Sa délivrance obtenue, il en rendit grâce à N.-D. de Chartres. En raison de ses services, Charles VII l'éleva à la dignité de grand chambellan de sa maison. Il mourut à l'âge de cinquante et un ans.

2° « Jeanne de Laval, sa femme » en secondes noces, jadis placée la dernière dans cette verrière, a vu enfin cesser le divorce qui la séparait de son époux. Elle était fille aînée de Jean de Montfort et de Anne, héritière de Laval. Sa mort arriva au château de Lavardin, le 18 décembre 1468 : son corps fut apporté et enterré en l'église Saint-Georges de Vendôme.

3° « Jean II de Bourbon, côte de Vendôme », fils unique de Louis de Bourbon et de Jeanne de Laval. Il fit ses premières armes sous le bâtard d'Orléans. Sa valeur lui mérita le titre de « très-fidèle serviteur du roy et compagnon invincible de ses périls ». Ce qui ne l'empêcha pas, ou plutôt fut pour lui l'occasion de tomber dans la disgrâce de l'ombrageux Louis XI.

4° « Isabeau de Beavau (Beauveau) sa femme », fille unique et héritière de Louis, seigneur de Beauvau en Anjou, de Champigny en Touraine, et de la Roche-sur-Yon en Poitou, et de Marguerite de Chambly. Nous avons vu dans la partie historique (page 10), comment Isabeau épousa Jean de Bourbon et lui porta la seigneurie de Champigny.

SIXIÈME FENÊTRE.

Dans le premier panneau est représentée l'*Ascension de N.-S.*, qui s'élève sur les nuées du ciel, à la vue de ses disciples séparés en plusieurs groupes et ravis d'admiration.

Le fait retracé dans le grand panneau ressemble fort au sujet de la huitième fenêtre : *C'est le retour de la première croisade de saint Louis.*

La flotte, chargée du roi, de ses fils, des guerriers et de quelques religieux, a levé l'ancre et vogue à pleines voiles vers la France, où vient de mourir Blanche de Castille. A l'horizon, au milieu d'un paysage mouvementé, apparaît un oratoire avec des moines devant la porte : c'est la chapelle du Carmel, où se présenta saint Louis. Des collines parées de plantes, des forts munis de créneaux couronnent cette scène tout orientale. C'est toujours l'histoire traduite avec autant de largeur et de netteté que de vigueur et de souplesse. Impossible de mieux rendre l'inscription qui suit :

« Cōment le roy S. Loys fist plusieurs belles ordonāces apṡ sa Dlivrance, et avoir fait en la terre saincte bonnes réparations Ds plac et chevaliers, vinct avec la royne et ses princes par le mont Carmel, où demeuraient des carmes, qu'il amena avec luy en sa compagnie, de quoy il fut si heureux et si grand contentement qu'il fonda des institutiō de carmes en sa ville de Paris : La royne Blanche ayant décédé, le roy s'embarqua une deuxiesme fois et arriva d'oustre mer en l'anée 1254 en France. »

Le texte et la disposition des mots accusent de l'incorrection dans la restauration de cette légende.

La galerie des princes renferme :

1° « Loys de Bourbon, prince de la Roche surio, fondateur de cette chapelle », fils de Jean de Bourbon et d'Isabelle ou Isabeau de Beauvau, mort en 1520. Pour son histoire, nous renvoyons le lecteur à la première partie de cette esquisse.

2° « Loyse de Bourbon, comtesse de Montpensier, fille de Gilbert » de Bourbon, comte de Montpensier, et de Claire de Gonzague, dont les portraits se trouvent à la deuxième fenêtre. Elle était sœur de Charles de Bourbon, connétable de France. Mariée à Louis de Bourbon, elle mourut en 1561, après avoir donné le jour à trois enfants : Louis II, qui suit ; Charles, duc de Beauprau, gouverneur du Dauphiné, et Suzanne, qui épousa Claude de Rieux, seigneur de Rochefort.

3° « Loys de Bourbon Pmier duc de Motpensier, per de Frāce, filz du dict Loys, prince de la Roche sur Yō et de la dicte Loyse de Bourbon. » Né à Moulins en 1513, il mourut en 1582. Il dut à sa prudence, à sa charité et à ses autres qualités, son titre de « bon duc ». Il fut le premier duc de Montpensier, François Ier, pour le récompenser, ayant érigé, en 1538, le comté de Montpensier en duché-pairie.

4° « Jaquette — ou Jaqueline — de Longvi, sa femme. » Elle était fille de Jean de Longvy, seigneur de Givry et baron de Mirebeau, et de Jeanne d'Orléans. C'est son oncle le cardinal de Givry, dont le portrait figure dans le premier vitrail, qui donna ces verrières, sans doute à l'occasion du mariage de sa nièce avec Louis de Bourbon, seigneur de Champigny.

ONZIÈME FENÊTRE.

La descente du Saint-Esprit sur les Apôtres, — au centre desquels apparaît la sainte Vierge, — occupe le premier compartiment.

La mort de saint Louis devant Tunis, remplit celui du milieu.

Sur la hauteur, la ville de Tunis avec ses forts et ses dômes, encadrée d'un rideau de montagnes. Dans la plaine, à droite, le bon roi assis, les traits abattus, quoique empreints d'une douce résignation : devant lui son fils aîné, Philippe, qu'il a fait appeler pour lui donner « plusieurs beaux et derniers enseignements » ; puis la foule des guerriers, accablés par la maladie de leur chef, dont tout fait pressentir la mort prochaine.

Dans ces visages qui s'interrogent, et où perce l'angoisse, dans l'attitude de ces preux au repos, appuyés sur leur lance, il y a je ne sais quoi qui rend cette scène pleine d'émotion, attendrit le cœur, et fait monter les larmes jusqu'aux paupières.

Quelle dignité ! quelle expression à la fois puissante et mélancolique ! Quel voile de deuil sur tout ce drame funèbre, qui a pour théâtre un rivage étranger, sous le regard d'une ville ennemie !

Autant la joie, l'allégresse s'épanouit et respire dans le premier vitrail, placé en face, — *le sacre de saint Louis,* — autant la tristesse est peinte dans tous les détails de cette verrière, qui clôt la série des tableaux représentant la vie du pieux monarque, dont le dernier trait est ainsi raconté :

« Coment le roy sainct Loys, accompagné de Philippe, son fils aisné, qui fust roy de Frace, d'autres princes, mist son camp devant la cité de Tunes, qu'il tint longtemps assiégée, et y eust plusieurs batailles contre les Sarazins, et durant ce temps lui print une griefve maladie de laquelle il décéda [vide]. Son corps reposa en France, sépulturé en l'esglise de Sainct-Denis de France, où il s'opéra, depuis ce temps, plusieurs signes et miracles. »

L'observation que nous avons faite sur l'incorrection de la légende de la fenêtre précédente, trouve également ici sa place.

Les personnages du panneau du bas sont :

1° « François de Bourbon, prince dauphin, filz de Loys Ier, duc de Montpensier. » Sa bravoure était au-dessus de tout éloge : elle n'avait d'égale que sa franchise, qui ne lui fit jamais rien dissimuler, même au roi. Il mourut à Lisieux en 1592, emportant le titre de « serviteur dévoué de sa patrie ».

2° « Renée d'Anjou, princesse dauphine, sa femme, » fille du marquis de Mézières et de Gabrielle de Mareuil. La mort l'enleva à la fleur de l'âge, parée de toutes les qualités qui font l'ornement d'une princesse.

3° « Henry de Bourbon, duc de Montpensier, pair et prince de France, et prince souverain de Dombe. »

Né en 1573, il mourut dans sa trente-cinquième année, laissant l'exemple de toutes les vertus et des regrets universels. En lui s'éteignit la branche des Montpensier. Sa fille, Marie de Bourbon, épousa Gaston d'Orléans, frère de Louis XIII.

4° « Catherine, duchesse de Joyeuse, femme du dict Henry de Bourbon. » Elle était fille unique de Henri, duc de Joyeuse, maréchal de France, et de Catherine de La Valette.

Nous avons fini de parcourir ce ravissant panorama des grandes verrières de la Sainte-Chapelle. Il existe encore un vitrail en forme de rosace, dans le pignon occidental, au-dessus du péristyle. Quoique remarquable par le coloris aussi bien que par le dessin, il n'offre qu'un intérêt secondaire en comparaison des autres.

Il est à peine besoin de dire qu'on y trouve l'L et le vol couronnés. Au centre, un souverain revêtu d'une armure guerrière et d'un manteau fleurdelisé tient à la main une forte épée : c'est sans doute saint Louis. A droite se voit un personnage couvert d'une peau, un mouton sur le bras, une oriflamme de croisé sur l'épaule : à gauche, un voyageur, son chapeau sur le dos et appuyé sur un bâton : ce doit être saint Jean et saint Jacques. Tous trois ont la tête entourée du nimbe liturgique.

Que si, après avoir examiné un à un chacun de ces joyaux, on jette du fond de la chapelle un regard d'ensemble sur cette œuvre grandiose, magistrale, sur cette série de tableaux où tout est vie, mouvement, grâce, délicatesse, et où le visiteur ne sait à qui donner la palme, au crayon du dessinateur ou à la palette du peintre, sur ces verrières où semblent se jouer toutes les couleurs du prisme le plus pur, on ne peut s'empêcher de ressentir un sentiment profond d'admiration, et comme une sorte d'éblouissement, tel qu'on en éprouve en face d'une des gigantesques pyramides d'Égypte, d'une statue colossale de Michel-Ange, ou d'une fresque inimitable de Raphaël.

Le XVIe siècle a passé par là avec sa science du beau et son exquise habileté à faire jaillir de la matière des chefs-d'œuvre qui n'ont jamais été dépassés. Il y a dans ce dessin à la fois aisé, précis, correct et naïf, quelque chose de la grâce de Raphaël et de Léonard de Vinci, joint à la vigueur de Jules Romain, et à la largeur de draperies et d'ordonnance du Corrége. Il y a dans ces couleurs si vives, si profondes, si chatoyantes, quelque chose du Titien et de Paul Véronèse.

On le sent, le souffle de la Renaissance italienne a passé dans ces verrières non moins que dans le péristyle qui ouvre l'entrée de la Sainte-Chapelle. On dirait même que cette brise, passant par-dessus les Alpes, partait à la fois de Rome, de Venise et de Milan, et avait pour mission d'apporter à Champigny, sur les bords de la Veude, comme un arome, un parfum des trois grandes écoles romaine, vénitienne et lombarde.

§. VI. *Les vitraux : le donateur et l'auteur.*

En présence de ces merveilles, le touriste se pose naturellement cette question : quelle est l'histoire, quel est l'auteur de ces magnifiques verrières?

Essayons de répondre à sa légitime curiosité.

Il y a là des points clairs et évidents, d'autres à peu près acquis, et enfin d'autres fort incertains.

L'histoire des vitraux, depuis la Révolution, est facile.

L'orage révolutionnaire, qui détruisit tant de chefs-d'œuvre, ne pouvait épargner nos vitraux. Soit amour du lucre, soit haine des princes, soit acharnement contre les objets du culte, soit tout cela à la fois, la main des vandales de 1793 se posa sur eux et entreprit de les enlever pour les détruire ou les vendre. En les descendant, on brisa partie des sujets et des inscriptions, surtout dans les panneaux des portraits.

Ils allaient donc avoir le sort funeste de tant d'autres œuvres d'art, lorsque M. de Quinson, ancien receveur général du clergé, qui déjà avait fait l'acquisition du château, acheta la Sainte-Chapelle 2,416 francs de principal et 118 francs de rente, et sauva ainsi de la ruine monument et verrières (1).

Une fois la tourmente passée, M. de Quinson s'occupa à les faire replacer. Mais, en partie par suite de l'ignorance où l'on était alors de la science du blason, en partie à cause de la ressemblance de certains écussons, en partie en raison des mutilations survenues, il se produisit plusieurs déplacements et interpositions de personnages, d'écus et de légendes.

Une restauration subséquente, plus mûrie et plus attentive, a fait disparaître ces erreurs. Cette restauration, qui eut lieu vers 1864, est due à M. de la Roche-Aymon. Déjà, pendant les années 1849 et 1850, M. Costa de Beauregard, écuyer du roi Charles-Albert, alors propriétaire de ce domaine, avait fait faire une double réparation qui coûta plusieurs milliers de francs.

Il fit descendre les vitraux de la cinquième et de la septième fenêtre. Le dernier était le moins endommagé : on refit les plombs, la légende à moitié fruste et les parties qui avaient plus ou moins souffert.

La restauration de la cinquième verrière coûta plus de temps et de peine. Certains personnages avaient été fort dégradés. M. Lusson, du Mans, à qui ce travail fut confié, répara et répara encore. Le coloris du modèle

---

(1) Archives du département d'Indre-et-Loire, Biens nationaux.

le fuyait toujours : deux fois il monta, et deux fois fit redescendre les parties neuves sans pouvoir arriver à cette fraîcheur d'émail de la pièce principale.

Aujourd'hui encore, il suffit d'un instant d'attention pour reconnaître les pièces disparates.

C'est encore à M. de Costa, — mais surtout à M. de la Roche-Aymon, — qui avait une vraie dévotion pour sa chapelle, que l'on doit le rétablissement de portions extérieures gravement mutilées, et en particulier de certaines gargouilles et des clochetons qui couronnent les contre-forts.

Naguère un archevêque, ami du beau, a tenté d'acquérir ces verrières pour une basilique qu'il se proposait d'édifier, tandis que, de leur côté, de riches milords essayaient de les transporter sur les bords de la Tamise. Heureusement ces diverses tentatives ont avorté. Le bijou est là dans son écrin : il doit y rester.

Quant à l'histoire des vitraux avant la période révolutionnaire, elle a ses côtés obscurs et ignorés, aussi bien que ses traits indiscutablement fixés.

Ce qui est certain, c'est que, sinon tous, au moins une bonne partie des vitraux ont été donnés par Claude de Longvy, cardinal de Givry, pair de France, fils de Philippe de Longvy et de Jeanne de Beaufort, dame de Mirebeau. La preuve, l'acte pour ainsi dire de donation, est écrit en toutes lettres dans la première fenêtre.

Est-ce le cardinal de Givry qui a donné toutes « les vittres », pour parler comme la légende?

Il serait difficile de le prétendre, puisque dans la douzième fenêtre on voit les portraits de François de Bourbon et de sa femme Renée d'Anjou, qu'il épousa en 1566, de Henri de Bourbon et de Henriette de Joyeuse, qu'il prit seulement en 1597. Or le cardinal de Givry est mort à Mussy, le 5 août 1561.

A quelle époque Claude de Longvy a-t-il fait ce don vraiment princier ?

Tout porte à croire que c'est à l'occasion du mariage de sa nièce Jaqueline de Longvy avec Louis II de Bourbon, seigneur de Champigny.

Il ne faudrait donc pas le faire remonter avant l'année 1538, époque de leur union. Le temps ensuite de confectionner les verrières : le gros œuvre ne fut d'ailleurs achevé qu'en 1543, suivant que l'indiquent deux gargouilles de la Sainte-Chapelle. Il est donc probable que pour parer aux inconvénients divers, on n'en commença pas la pose avant cette date. Au reste, en 1559, Claude de Longvy était évêque de Poitiers, et dans l'inscription il est désigné comme étant « évesque et duc de Langres ».

Il faut donc admettre que la première verrière, et *à fortiori* les suivantes, n'ont guère été placées avant 1559 ou 1560, et que la dernière, tout au moins le panneau des portraits, n'est pas antérieure à 1597.

A la rigueur, il peut se faire que le cardinal de Givry ait payé tous les vitraux de ses deniers ; mais assurément il ne les a pas vu tous poser. Voilà pour le donateur; quant à l'auteur, quel est-il ?

Il est de la grande lignée de ces artistes chez lesquels la modestie n'est en rien inférieure au talent, et qui produisent leurs chefs-d'œuvre sans chercher à en revendiquer la gloire, bien plus, en défiant adroitement les indiscrétions de la Renommée aux cent bouches.

Il a mis on ne peut mieux en pratique le conseil de l'*Imitation : Ama nesciri*. Tandis que de nos jours il n'est pas jusqu'au plus médiocre peintre ou sculpteur qui ne s'empresse de signer son ébauche pour tâcher de se créer un semblant de réputation, l'auteur des admirables vitraux de Champigny, lui, non-seulement n'a pas mis son nom, mais encore c'est en vain qu'on y chercherait quelque initiale ou quelque signe qui pût mettre le chercheur sur la piste.

C'est avec l'attention la plus scrupuleuse que nous avons parcouru la chapelle et examiné chaque fenêtre. Nous n'y avons absolument rien rencontré qui pût trahir l'*incognito* de l'artiste.

Est-ce une raison pour se croiser les bras et ne pas tenter de soulever quelque coin de ce voile ? Assurément non. L'histoire de l'art n'a qu'à gagner à la découverte de cette énigme. Certes le problème vaut bien la peine qu'on en cherche la solution, alors même qu'on ne parviendrait pas à en tirer l'inconnue.

Une remarque qui saute aux yeux des visiteurs, c'est la différence qui existe entre la première et la seconde série des verrières.

Dans les unes et les autres le dessin est d'une grande correction, l'ordonnance parfaite, le mouvement des draperies excellent, l'expression des visages irréprochable. Mais sous d'autres rapports, et spécialement au point de vue du coloris et de la fraîcheur du tableau, il règne entre elles une distance assez grande.

Arrêtons quelques instants notre attention sur ce point.

S'agit-il des portraits ? Tandis que dans les premières fenêtres, les femmes, en vertu de la courtoisie traditionnelle et française, occupent invariablement la place d'honneur, dans les autres, c'est toujours le mari qui précède son épouse.

S'agit-il des légendes ? Celle des derniers vitraux se différencie des précédentes, en ce qu'elle n'est pas formulée de la même manière : elle est plus correcte, plus en rapport avec la langue de la fin du xvie siècle ; les abréviations y sont plus rares et les caractères y ont une forme plus allongée : il y a plus de régularité.

S'agit-il du sujet en lui-même ? Sans cesser d'avoir

une haute précision, il devient plus mouvementé : dans le même espace on voit agir un plus grand nombre d'acteurs. Les personnages, sans rien perdre de leur souplesse, ont plus de vigueur et de mâle énergie. La perspective, déjà bonne dans les premières verrières, devient ici meilleure, plus achevée. Autour du sujet principal viennent se grouper une foule de détails, d'épisodes, qui lui donnent toute la variété désirable sans rien ôter à l'unité.

S'agit-il des émaux ? Nous ne retrouvons plus en dernier lieu cette vivacité, cette puissance incomparable de coloris. Il semble que celui qui a composé la dernière portion des vitraux ait perdu le secret de ces tons étincelants, diamantés, qui le disputaient à toutes les nuances de la nature ; ou bien que, s'il les a confiés au verre, le temps à son tour ait eu plus de prise sur eux et soit parvenu à leur ravir leur fraîcheur native.

Il est vrai que depuis la fenêtre centrale les sujets comportent moins de vigueur dans le coloris : c'est ainsi que la Passion de Jésus-Christ, l'Océan, une flotte, une bataille, une armée au repos doivent avoir un cachet moins voyant et plus effacé. Néanmoins l'artiste ne manquait pas d'occasions de reproduire çà et là ces tons puissants et empourprés, ne fût-ce qu'à titre de contraste.

On voit bien que la palette du peintre rayonnait de couleurs moins éblouissantes, et que c'est pour cela que les émaux de son tableau ont moins d'éclat.

Que conclure de ces réflexions ?

La conséquence c'est que l'on pourrait croire, sans trop de témérité, que les verrières de Champigny sont l'œuvre de deux ateliers, de deux ouvriers différents, fort habiles l'un et l'autre dans la connaissance du dessin, des types, des draperies, de l'ordonnance du sujet, mais inégaux dans l'art de fondre les couleurs. A moins qu'on ne préfère voir dans cet éclat amoindri un calcul, fondé sur ce que l'émail des premiers vitraux peut avoir de trop intense. Plus amateur du dessin, de l'agencement, de la perspective, du *tableau*, en un mot, le dernier ouvrier a peut-être effacé, de propos délibéré, ce qui pouvait lui paraître trop *foncé* dans les scènes où l'on sent davantage le *vitrail*.

Ce n'est pas d'aujourd'hui, on le sait, que date cette distinction entre les maîtres de deux manières, de deux écoles bien diverses.

Quoi qu'il en soit, système ou infériorité, il y a là une différence sensible.

Or, quels peuvent bien être les auteurs de cette double série de verrières ?

On attribue généralement la première partie à Robert Pinaigrier, qui fut à Tours l'un des chefs d'une célèbre école de peinture sur verre, et qui remplit le xvie siècle de la gloire de son nom et de ses œuvres.

Il venait de peindre, dans la première moitié du siècle, plusieurs beaux vitraux dans les églises de Saint-Gervais et de Saint-Méry, à Paris, et plus près dans la cathédrale de Chartres (1). Il est donc tout naturel de supposer que Claude de Longvy et Louis de Bourbon, — qui occupait une situation si bien en vue en Touraine, dont il devint, quelques années plus tard, gouverneur et lieutenant général, — se soient adressés au grand artiste tourangeau pour la confection des verrières de la collégiale de Saint-Louis.

Mais, il faut bien l'avouer, on est encore privé de documents authentiques qui établissent positivement ce point d'histoire artistique. Jusque-là nous nous trouvons en face d'une hypothèse plus ou moins bien fondée.

---

(1) Bibliothèque municipale de Tours, M. 208. — Registre de Saint-Julien, p. 231, 282, 284, 289.

Pour ce qui est de l'auteur de la deuxième portion des vitraux, il semblerait que nous ayons plus de chance d'arriver à un résultat quelque peu satisfaisant.

En effet, moins de dix ans après la pose du dernier panneau de la douzième fenêtre, — qui représente Henri de Bourbon revêtu des ordres du roi, qu'il ne reçut qu'en 1595, et Henriette-Catherine de Joyeuse, sa femme, qu'il n'épousa qu'au mois de mai 1597, — nous voyons deux peintres verriers de Chinon, René Grézil et Arnoul Ferrant, passer avec le dict Mgr Henri de Bourbon, un contrat notarié, le 23 juin 1607, en vertu duquel il leur est alloué annuellement, pendant dix ans, soixante livres, « pour l'entretien de toutes les vittres du dict château de Champigny tant vieil que nouvellement faict, de la basse court et la sainte chapelle, de fournir par eux de verre et plomb nécessaire aux entretiens, en sorte qu'il n'advienne aucune démolition aux dictes vittres, sans être promptement et à l'instant réparée, sauf touttes fois que où il arriverait de grands vents et tonnerre qui feissent dégast de plus de demy panneau d'icelles, tant de la dicte chapelle que logys ci-dessus, ce ne sera aux despends des dicts vittriers de les remettre, ains à Monseigneur, qui leur a promys par chascun pied de verre la somme de 4 solz de verre blanc, et quant au verre d'appareil, leur sera payé à l'estimation qui en sera faicte par les officiers de ce lieu, outre la somme de 60 livres, et doibvent être fourniz d'une chambre pour travailler en ce lieu et de boys nécessaire à fondre le plomb et chauffage de leurs fers. »

Nous avons extrait ce document d'un *État des charges de la terre de Champigny*, de 1608, signé de la main même de Catherine de Joyeuse : état qui se trouve aux archives du département d'Indre-et-Loire.

Faut-il déduire de cette pièce que Grézil et Ferrant sont indubitablement les auteurs des dernières verrières de la Sainte-Chapelle ? Non : la conclusion dépasserait les prémisses, ce qui est contraire aux principes de la critique historique, non moins que de la logique. L'histoire aussi bien que la dialectique doit prendre pour règle ce vers d'Aristote :

Latius hunc quàm præmissæ conclusio non vult.

Cependant, on nous permettra bien de relever certains détails qui méritent d'être mis en relief.

A propos du château et tout naturellement aussi de la Sainte-Chapelle, il est question de travaux « nouvellement faict » : c'est donc tout récemment que venaient de s'achever certaines œuvres de construction et de verrerie. D'un autre côté, les ouvriers en question sont appelés « maistres peintres et vittriers » ; et ils sont chargés non-seulement des grosses réparations et de l'entretien des parties moins délicates, comme le plomb, le fer et les verres blancs, mais encore ils s'engagent à « remettre les verres d'appareil », quel que soit le dégât fait aux panneaux. Les grosses réparations, ils les feront sur les lieux, ce qui veut dire que pour les travaux plus difficiles, ils les exécuteront dans leur atelier de Chinon.

De cet ensemble de circonstances ne ressort-il pas clairement que nous ne sommes pas en face d'ouvriers vulgaires, ni même de peintres simplement habiles, mais de véritables artistes, qui ont une réputation toute faite, fondée sur un talent réel et reconnu ? Autrement, comment supposer que le seigneur de Champigny, qui avait puisé dans ses voyages en Italie une connaissance approfondie du beau, aurait eu la témérité de leur confier pour dix ans l'entretien et les réparations même les plus importantes de cette merveille de la peinture sur verre ?

Il s'agit d'une œuvre d'art des plus délicates, et pour

laquelle les artistes de nos jours ont été obligés de confesser leur infériorité ; donc, logiquement, nous pouvons et devons admettre que ceux qui en sont chargés sont des peintres d'art vraiment dignes de ce nom.

Ces observations faites, y aurait-il extravagance de notre part, — encore une fois nous n'avons rien de positif, — à supposer que Grézil et Ferrant ne sont pas étrangers à la confection des derniers vitraux, et tout au moins des panneaux où figurent Henri de Bourbon et son épouse Catherine de Joyeuse, — qui ont été placés peu de temps auparavant, sinon vers l'époque même du contrat que nous avons signalé, et ne forment point de disparate avec le reste de la galerie, — et que le duc de Montpensier leur a commis le soin de l'entretien, parce qu'il les avait vus à l'œuvre dans le travail de confection?

Quoi qu'il en soit, nous avons cru de notre devoir de rappeler ces faits, qui sont de nature sinon à résoudre le problème, au moins à jeter quelque lumière sur la question de l'auteur des vitraux de la Sainte-Chapelle de Champigny.

§ VII. *Statue et tombeau d'Henri de Montpensier.*

Nous avons visité ce qui reste debout et intact des splendeurs de la collégiale : nous ne la quitterons pas sans chercher à y faire revivre ce que le marteau de la Terreur y a détruit totalement ou en partie, autant du moins que des vestiges intéressants et de précieux souvenirs locaux pourront nous le permettre.

Impossible de ne pas s'arrêter devant cette belle statue de marbre qui représente un prince agenouillé devant un prie-Dieu supportant un livre, à l'instar des personnages qui figurent dans les verrières.

Cette statue, aux traits si nobles, à la pose si digne,

aux mains pieusement jointes, aux vêtements fleurdelisés et si délicatement fouillés, est celle d'Henri Bourbon-Montpensier, dont nous venons de parler. Mutilée par les vandales de 1793, au point que la tête avait été tranchée et jetée dans un puits de la localité elle vient, grâce à la découverte du chef, et surtout aux soins intelligents des nobles châtelains, d'être restaurée avec infiniment de goût et ne se sent plus des mauvais traitements qu'elle a subis : elle semble, au contraire, n'en avoir que plus de fierté, à l'instar de ces chevaliers qui reviennent de la lutte, marqués de glorieuses cicatrices.

Que veut cette statue au milieu de la nef? Où était jadis sa place? Elle faisait naguère partie du tombeau du duc de Montpensier, élevé dans la chapelle dite « de Monsieur », du côté de l'épître. Ce tombeau, édifié en l'honneur de son père, par l'affection de Marie de Bourbon, épouse de Gaston d'Orléans, était fort remarquable.

Il était formé de quatre colonnes de marbre noir, avec bases et chapiteaux corinthiens en bronze doré : sur ces quatre colonnes reposait une table de marbre qui portait la statue d'Henri, et que décoraient aux angles quatre anges en marbre blanc : — le tout comme enchâssé dans une chapelle brillamment ornée.

S'il nous était permis de former ici un vœu, ce serait celui de voir restaurer intégralement ce superbe mausolée.

A cette heure, il n'en reste plus que la statue, des colonnes brisées et les plaques de marbre, où sont gravées les inscriptions suivantes :

I. *Henrico Borbonio duci Montispens. Domino Dumbarum, proregi Normann. principi præstantiss. generis splendorem summis virtutibus æquanti, pis, forti, pacifico, de quo in vitâ jure unquam quæstus est nemo; quod imma-*

turus abiit dolent omnes, quod brevia fuerint spatia vitæ non quæror, vitæ quod isti periit, æternæ est datum.

II. *Deum timēs, ab ecclesia nusquam deficiens, regi obsequēs, patriæ amās, parenti(bus) obediēs, nulli nocens, oîbs (omnibus) proficiens, regni decor, principū splendor, aulicorū honor, populi amor, Henric. Borboni. Mōpeserius, jacet hic. Time.*

Ces inscriptions biographiques sont accompagnées des deux citations bibliques qui suivent :
Machab. lib. I., cap. XIII.

III. *Ædificavit Simon supra sepulch. patris ædificiū altum visu lapide polito retro et ante et statuit piramidas, et supra columnam arma ad memoriam æternam.*

Marie de Bourbon entendait rattacher ainsi son œuvre pieuse plus encore que somptueuse à un touchant souvenir de la Bible.
Sapient. IV.

IV. *Consummatus in brevi, explevit tempora multa, placita enim erat Deo anima illius, propter hoc properavit educere illum de medio iniquitatum.*

Comme si ce n'était pas assez du mausolée et de ses inscriptions pour garder la mémoire du duc de Montpensier, on voulut encore redire en détail sa vie et sa mort aux générations à venir. C'est l'explication de cette plaque de marbre noir fixée au-dessus de la porte de la sacristie, et sur laquelle, au-dessous des armes du défunt, on lit en vers alexandrins fort serrés et non sans élégance :

Illustrissimi principis Henrici Borbonii ducis Montpenserii, Dumbarum, etc.

Seu te sectantem fallacis inania mundi,
Seu monumenta virûm lustrantem forte, viator,
Detinet in nostris cura haud ignobilis oris,
Huc age quis magnæ tandem fuit exitus umbræ,
Et Montpenserii sanctos cognoscere manes
Ne pigeat : sed nec victrices marmora lauros
Hæc tibi narrabunt, nec tanti principis arma,
Fortunamve domus. Procul ista facessere jussit.
Assurgens cœlo, terrasque reliquit inanes.
Erexit pietas animum nil regna morantem,
Aut humanarum fastigia lubrica rerum,
Splendidaque incertæ risit ludibria vitæ.
Scilicet exemplum reliquit mortalibus ingens,
Tollere humo mentes, nec res ardere caducas.
Jamdudum dira consumptus febre jacebat,
Februa luna suum quàm longe peregerat orbem;
Degeneris nusquàm tamen illi verba querelæ
Impatiensque sui morbus sævique dolores
Extorsere. Deo summas pro munere grates
Ipse fatebatur, morbi quod longa dedisset
Tempora, et instantem non exhorrescere mortem.
Inde frequens puro suscepit pectore numen,
Libavitque dapes sacras solusque sacerdos
Arbiter hic mediæ per alta silentia noctis,
Jamque toro acclinis nullis non ille diebus
Intererat sacris concepta precantis ad aram.
Quin et adoratum Lauretæ miserat ædem
Virginis ex voto : tabulis mox deinde supremis
Multa dedit mandata pium testantia pectus,
Multaque fundatis superûm donaria templis ;
Filia quæ Francæ nuptum datur unica proli
Agnatos regûm nurus intratura penates (1),
Tot patrum titulos hæres, tot regna, tot urbes
Dote trahens, si fors sobolis decesserit expers,

---

(1) Sa fille Marie, fiancée à Gaston d'Orléans, frère de Louis XIII.

Francia succedat sceptrisque accrescat avitis;
Tanta domûs, tot opes inter famulantia natæ
Agmina, sit nullus fidei desertor avorum,
Cui gradus officii dicendave jura per arces
Aut mandetur honos. Et jam suprema vocabat
Hora virum, conjux, oculos perfusa madentes,
Quo gemitu, queis non pulsavit questibus astra :
Illa Joussæ lux famosissima gentis (1),
Illa pudicitia priscas transgressa Sabinas,
Et pietate nitens! Lacrymas interritus heros
Conjugis adspexit consolatusque dolentem est.
Huic socer, ipse sibi spreta tellure superstes
Assistit; idemque pater speranda monebat
Elapsæ vinclis animæ, cum carne revinctus
Angelus iret adhuc, vivusque capesseret astra;
Quem vili panno nudisque per aspera mundi
Vadentem pedibus, generi reverentia major
Suspexit quamdum celsos præferret honores (2),
Hic Montoblonius curas lenire jacentis
Suetus, et orbatæ moderator maximus aulæ,
Adstabat, cui vera dedit prudentia regum
Consiliis inferre pedem, rerumque sequestrum
Integritas longo pollens felicior usu
Constituit, tantæ curatoremque puellæ (3).
Ille, ubi substratus confesso pectore princeps
Rursùs, et æternæ repetivit fercula mensæ,
Invictusque pugil extremo membra perunctus
Est oleo, vetuit morientis limina pandi
Nobilibus, solos passus succedere tectis,
Quos pia sacratæ decorabat regula vitæ,
Ne vox purgatas male fausta incurreret aures,
Surgentemque animam cœlo et migrare parantem
Tardarent vani rursùs contagia mundi.
Verùm, ubi sopitis luctatur in æthera totus
Sensibus, extremæque natat caligine noctis,
Sponte suâ patuere fores nullique videri
Est veritus sonuitque altis plorantibus aula,

---

(1) Son épouse, Henriette-Catherine, duchesse de Joyeuse.
(2) Son beau-père, Henri de Joyeuse, qui, après la mort de son épouse, se fit capucin sous le nom de frère *Ange*.
(3) Montoblon, gouverneur de sa fille Marie de Bourbon.

Nec præmaturi causam te funeris hospes
Præteriisse velim. Dum regnum vindicat armis,
Et Druidum muros premit obsidione rebelles (1)
Rex magnus, ductoque illi stat in aggere princeps (2)
Impiger, et prima lauros captante juventa,
Desuper obsesso forte huic libratus ab hoste
Fulmineus petit ora globus, quo vulnere sanguis
Plurimus erumpens et ad interiora refusus,
Corrupit certa tandem vitalia peste.
Felix qui potuit meritis utrumque probatus,
Sic animam cœlo, patriæ sic reddere vitam !

§ VIII. *Caveau de la Sainte-Chapelle.*

Le caveau funèbre creusé sous la Sainte-Chapelle, pour servir de sépulture aux châtelains de Champigny, a son entrée dans le chœur. Il a environ douze pieds de long, sur huit de large ; on y descend par un escalier de sept ou huit marches avec voûte à plein cintre cimentée. Les cercueils de plomb y étaient rangés sur deux fortes barres de fer placées transversalement.

Ainsi que nous l'avons fait remarquer dans notre historique de la collégiale, les princes et princesses qui y furent inhumés étaient au nombre de cinq. Les voici dans l'ordre de leur décès et aussi de leur classement dans cette petite nécropole.

Louis de Bourbon, fondateur de la Sainte-Chapelle, mort le 10 novembre 1520 ; — Louise de Bourbon-Montpensier, son épouse, décédée à Champigny le 5 juillet 1561 ; — Anne de Montpensier, épouse de François de Clèves, douairière de Nevers, morte en 1572 ; — Louis II de Bourbon, dit le bon duc, qui mourut à Champigny le 23 septembre 1582 ; — Henri

---

(1) **Dreux** : c'est au siége de cette ville qu'il fut blessé.
(2) *Ce grand roi*, qui marche à la conquête de son royaume, est Henri IV.

de Bourbon, décédé le 27 février 1608, dont nous venons de voir le mausolée. C'est lui qui clôt la série des ducs de Montpensier, comme il est le dernier des Bourbons dont la cendre repose dans l'asile funèbre qu'ils s'étaient préparé.

Ces illustres morts dormirent paisiblement leur sommeil, jusqu'au jour où les frères des sacriléges qui avaient violé les tombes royales de Saint-Denis, entreprirent de profaner celles des princes de Champigny.

Le *Comité de salut public* du pays éprouva lui aussi le besoin d'assassiner les vivants et d'outrager les morts. Un moyen bien simple d'atteindre ce double but, c'est de s'emparer des cercueils de plomb qui renferment les restes des Montpensier : idée lumineuse. On descend dans le caveau, on ouvre ou brise les bières, on entasse les ossements pêle-mêle avec des ricanements sataniques, et on emporte les cercueils dont on prétend faire des balles destinées aux ennemis de la patrie : on sait ce que cela veut dire.

Parmi ces cercueils, il y en eut qui ne furent vidés que dans la chapelle. C'est ainsi que celui d'Anne de Clèves est hissé en haut et ouvert ensuite : on trouve son corps nageant dans le sel fondu ; il est renversé brutalement, et reste ainsi longtemps ignominieusement étendu sur le pavé de la collégiale.

M. de Quinson, acquéreur national de cette seigneurie, fit replacer les restes dans le caveau. Plus tard, son successeur, M. de Costa, les recueillit avec soin et respect et les renferma dans deux caisses qui reposent à l'endroit qu'ils avaient jadis occupé.

A cette heure, l'entrée du caveau est fermée par une large pierre, munie d'un anneau en fer.

§ IX. *Les deux chapelles latérales.*

Nous venons de parler de M. de Quinson. Il avait jadis son tombeau dans la chapelle des Montpensier. Il était en marbre blanc et surmonté d'une urne recouverte d'un voile. Lors de la vente de son domaine, M. de Costa a fait placer au cimetière communal et les restes et le mausolée de son oncle.

Nous ne sortirons pas de cette chapelle sans faire remarquer un autre acte de vandalisme dont elle a été l'objet. De l'autel qui l'ornait il ne reste plus rien ; au fond, on cherche inutilement un vitrail représentant la *Descente de croix et la mise au tombeau* qui la décorait, nous n'avons pas besoin de dire magnifiquement, les autres verrières l'indiquent assez.

En quittant le côté droit pour aller dans la chapelle opposée, nous relevons au-dessus de la porte de la sacristie l'inscription suivante gravée sur une plaque de marbre noir :

« Les vénérables doyen, chanoines et chapitre de cette sainte chapelle sont obligez de dire et célébrer à perpétuité tous les vendredis de chaque sepmaine une messe basse des morts, et tous les ans le 4me juing de chascune année une messe haulte à diacre et soubsdiacre, ensemble de fournir le luminaire, pain et vin pour la célébration des dites messes, pour le salut de l'âme de très haulte, très excellente et puissante princesse, Madame Marie de Bourbon, duchesse de Montpensier, dernière du nom, femme et espouse de Monseigneur, filz de France, frère unique du roy, duc d'Orléans ; selon qu'il est porté par le contract de la dite fondation passé entre les dicts sieurs chanoines, et noble homme M. Séraphin le Ragois, trésorier de feu Madame d'Orléans, passé par devant Ogier et de Beauvais, notaires au Chastelet de Paris le 20 juing 1628.

« Nous l'avons veu naistre à Gaillon le 17 octobre 1605, marier à Nantes le 7 aoust 1625, et mourir à Paris au Louvre le 11 juing 1627. Son corps gist à Sainct-Denys, et ses entrailles aux filles de la Passion, à Paris. »

Nous voici dans la chapelle dite de « Madame ». Autant elle ressemblait jadis à un bijou par sa gracieuse ornementation, autant elle est aujourd'hui nue et froide. Le tombeau seul de l'autel demeure. Dans la fenêtre s'épanouissait un vitrail digne de fixer l'attention, et représentant l'*Adoration des bergers* : il a été brisé et la fenêtre murée. On ne saurait avoir assez de regrets pour ces deux compositions sur verre dont nous avons signalé la disparition. On retrouve dans cette chapelle la cheminée qui, dans plus d'une église, servait tout ensemble à réchauffer le vaisseau et à alimenter le feu nécessaire aux cérémonies liturgiques.

A l'entrée de la chapelle de Monsieur apparaissait, avons-nous dit, le mausolée d'Henri de Montpensier. Comme par une sorte de pendant architectonique, à l'entrée de la chapelle de Madame, on voyait dans un large et beau panneau, le blason des Bourbons : ces armes, vraiment grandioses, étaient accompagnées de deux cerfs supportant une couronne. Lorsque la collégiale de Saint-Louis eut passé dans leur famille, les Richelieu firent placer leurs armoiries au-dessus de celles de leurs prédécesseurs. Les unes et les autres reposaient sur plusieurs traverses et cintres en chêne avec revêtement de marbre, à l'instar de ceux qui sont dans la chapelle opposée.

Aux jours de fête, alors que les tentures se déroulaient pour décorer le temple, ces écussons se trouvaient recouverts, au moins en partie, par les belles tapisseries de laine et de soie, brodées de personnages en or et en argent, qui servaient à parer les murs, particulièrement autour du sanctuaire, et sur lesquelles le regard pouvait suivre et admirer les diverses phases de la vie du Sauveur, depuis la Nativité et l'Adoration des Mages, jusqu'à la Passion et au Crucifiement. Chaque sujet richement traité formait un compartiment spécial fort remarquable et d'un bel effet.

§ X. *Autels latéraux, jubé, sanctuaire et chœur.*

Dans la partie de l'église où était dressé le jubé traditionnel, étaient placés à chaque extrémité deux **autels** latéraux. L'un était sous le vocable de « sainte Opportune », pour laquelle les châtelains de Champigny avaient une si profonde vénération, témoins les statuts du chapitre. L'autre était dit « des Reliques », parce qu'on y conservait plusieurs objets précieux, entre autres des morceaux d'un bras de sainte Opportune, une partie du manteau de saint Hubert, des restes de saint Sébastien, et surtout des ossements de saint Louis, une parcelle de la vraie croix, enchâssée dans une croix d'or, une des épines de la couronne de Notre-Seigneur et enfin un des trente deniers : reliques insignes léguées par Louis de Bourbon, et qui valurent en particulier à cette collégiale le titre de sainte chapelle.

Le jubé lui-même ne manquait pas de distinction. Du côté de la nef, il était entouré d'une double balustrade supportant une belle tapisserie ; du côté du sanctuaire, se trouvait un sujet représentant Jésus-Christ en croix, avec saint Jean et la sainte Vierge.

Pour la décoration du sanctuaire, cette partie principale du temple, rien n'avait été épargné.

L'autel, d'une grandeur ordinaire, était **d'une rare**

perfection. Aux jours de solennité, il était recouvert de parements et de riches draperies aux armes des ducs de Montpensier. Il reposait sous un ciel étincelant soutenu par quatre colonnes en bronze d'environ deux mètres, disposées en forme de carré. Au sommet des colonnes étaient des anges tenant les instruments de la Passion, et placés de façon à recevoir la naissance d'une magnifique tenture bordée d'une belle frange avec l'écu des seigneurs de Champigny. Six chandeliers de grande dimension et d'un travail achevé, avec un crucifix de même taille, ornaient l'autel. Au sommet, un ange fixé sur une petite colonne centrale se penchait et portait dans ses mains un ciboire revêtu d'un voile. Le célébrant voulait-il donner la bénédiction? A l'aide d'un mécanisme ingénieux, l'ange laissait descendre le ciboire et semblait le présenter au prêtre.

C'est non loin de l'autel, à droite, près de la chapelle de Monsieur, que l'on plaçait le trône portatif du doyen, lorsqu'il devait officier pontificalement. Une estrade assez élevée était destinée à recevoir les chanoines assistants, et, au milieu, un fauteuil garni de velours rouge où s'asseyait le doyen. La cérémonie achevée, le trône était enlevé.

Le chœur ne manquait pas de relief. Il était entouré de stalles surmontées d'un dôme continu : le tout fouillé et décoré avec élégance. Comme président du chœur, le doyen prenait place sur un trône, couronné d'un large baldaquin, auquel des tentures de velours rouge étaient appendues, comme cela a lieu pour les évêques.

Le doyen avait près de lui le prévôt, troisième dignitaire du chapitre, tandis qu'en face, dans une stalle bien sculptée, apparaissait le chantre, qui marchait le second, et faisait porter devant lui le bâton traditionnel orné de la statue de Saint-Louis. Lorsque le duc de Montpensier assistait à l'office du chœur, il y prenait la place du chantre : ainsi était-il réglé par le cérémonial.

Puis venaient les stalles plus modestes des simples chanoines, chapelains et vicaires. Il y a quelques années, M. de la Roche-Aymon a acheté de la fabrique de Chaveignes, paroisse voisine de Champigny, les six stalles qui sont dans la chapelle, à l'endroit d'où des mains spoliatrices les avaient arrachées. Elles n'offrent rien de caractéristique, si ce n'est l'*L* couronné.

Que si maintenant nous essayons de nouveau d'embrasser d'un coup-d'œil cette belle nef, pour y glaner ce qui nous aurait échappé, nous remarquerons cette constellation d'écussons qui décorent la voûte, et que le sculpteur a prodigués à chaque clef des arceaux, nervures, diagonales et arcs-doubleaux, laissant au peintre le soin d'y ajouter les émaux qui font des caissons une série de mosaïques que nous nous proposons bien d'étudier quelque jour avec toute l'attention qu'ils méritent.

Plus bas ces niches, aux baldaquins élégants et vides aujourd'hui, renfermaient naguère les statues des douze apôtres, en terre cuite.

Les fonts baptismaux, situés à droite, au fond de l'église, ne présentaient rien de remarquable, non plus que la tribune pour l'orgue, qui surmontait la porte principale.

Notre visite à la collégiale Saint-Louis est terminée.

Pour adieu, un dernier regard à ce vaisseau large et élevé, à ce tombeau mutilé, à cette statue restaurée, à ces siéges jadis occupés par les rois et les princes, et surtout à ces verrières si dignes d'admiration à tous égards, afin d'emporter dans notre mémoire le souvenir de cette chapelle, dont un touriste du xvii° siècle, — cela était plus vrai encore à cette époque, — a pu dire

« qu'elle est une des plus belles et admirables qui soient ailleurs » (1).

§ XI. *L'ancien et le nouveau château.*

Nous ne quitterons pas cette résidence princière sans nous arrêter un instant aux vestiges de son antique splendeur semés çà et là.

Ainsi qu'en fait foi un plan du xvi° siècle trouvé à la Bibliothèque nationale, la Sainte-Chapelle et le château de Champigny étaient tout à la fois séparés et réunis. Les douves qui entouraient le manoir le séparaient de l'église, qu'à son tour un pont-levis était chargé de relier à l'aile droite.

Depuis le jour où Foulques établit à Champigny un camp retranché, cette localité avait vu son château fort prendre successivement une nouvelle importance sous les Bernier, les de Blo, les Beauvau et les Beauçay, jusqu'à ce qu'enfin un prince de la maison de Bourbon, Louis Ier, jugea à propos de substituer au vieux castel un palais dans le goût de la Renaissance, avec laquelle il s'était familiarisé dans ses voyages d'Italie.

Grâce à son étendue et à sa magnificence, à ses donjons, ses tourelles, ses douves, sa double cour et son port à la fois élégant et majestueux, c'était rester dans le vrai que de l'appeler, avec Mlle de Montpensier, une demeure royale.

La Veude baignait de ses eaux limpides le pied de ce beau séjour, qu'un pont mettait en communication avec le reste du parc. On y voit encore, dans une partie

---

(1) Bibliothèque nationale ms. 8357 : *Relation d'un voyage*, par par Léon Godefroy, en 1638.

reculée, le portail qui fermait le passage du pont : son architecture, ses sculptures fantaisistes, les vides destinés à recevoir une rampe, ne laissent pas de doute à cet égard.

Lorsque le visiteur cherche à recueillir dans sa pensée et les objets qui l'ont frappé et les souvenirs qui l'ont impressionné au cours de cette excursion, une réflexion lui vient tout naturellement à l'esprit : c'est que, à un point de vue, Champigny nous offre en miniature une image de l'histoire de notre France.

Au sein de la société, les races royales et aristocratiques ont presque disparu, tandis que la religion, vivace et immortelle, a survécu à tous les désastres et se dresse rayonnante au-dessus des ruines.

Cette vérité historique fut-elle jamais gravée d'une façon plus sensible que sur ce coin de terre? Tandis que le palais des princes s'est évanoui jusqu'aux fondements, la Sainte-Chapelle, asile de la piété, s'élance vers les nues étincelante de grâce, réparant ses brèches, et sans cesse parée comme d'une vie et d'une beauté nouvelles.

La religion a eu à souffrir des deux bouts de l'horizon, des races nobiliaires et des couches populaires, à des époques tristement célèbres. Notre collégiale n'a pas échappé à ce funeste sort : on a vu passer sur elle pour la spolier ou la souiller, tour à tour la main de Richelieu et de la Révolution. Elle a pansé et cicatrisé admirablement ses blessures : ainsi en a-t-il été du catholicisme.

A ce cataclysme, la religion a-t-elle été seule à survivre? Non : une fois la tourmente passée, le peuple a pris la place des antiques classes dirigeantes ; il a monté et grandi, et c'est lui qui, à cette heure, tient entre ses mains le gouvernail des affaires publiques.

Nouvelle similitude. Lors de la destruction de son château, Champigny a vu subsister les servitudes, le logement des pages, des gens de service, dans toute leur ampleur. Dans la suite, ce vaste bâtiment en fer à cheval s'est transformé à l'intérieur et à l'extérieur; et, grâce à des modifications apportées aux fenêtres, aux portes, à la façade et aux abords, c'est aujourd'hui une demeure qui ne manque pas d'une certaine grandeur, et dont les pièces spacieuses sont richement meublées.

Mais coupons court à des réflexions morales qui seraient ici hors de propos, et terminons, en formant des vœux ardents pour que, à l'instar des nobles châtelains de Champigny, le peuple lui aussi garde le culte des grandes choses, des idées saines et des souvenir fortifiants.

TABLE CHRONOLOGIQUE
Des seigneurs de Champigny (1).

FAMILLES.	SEIGNEURS.	Époque de la suzeraineté.	MOTIFS DU CHANGEMENT.
1. Bernier.	Bernier de Champigny	1067 — 1096	Sa fille épousa Josselin de Blo.
2. De Blo.	Josselin de Blo	1096 — 1138	
	Robert I.	1138 — 1179	
	Josselin II	1179 — 1213	
	Robert II	1213 — 1230	
	Aimeri.	1230 — 1260	Sa fille Emma, épousa Guy.
3. De Beauçay.	Guy.	1260 — 1265	
	Hugues IV, dit le Grand.	1265 — 1270	
	Hugues V	1270 — 1330	
	Jeanne.	1330 — 1340	Jeanne de Beauçay épousa Geoffroy de Beaumont, puis Charles d'Artois, en 2⁰ noces.
4. De Beaumont.	Geoffroy.	1340 — 1360	
5. D'Artois.	Charles d'Artois.	1360 — 1384	Charles cède à Louis d'Anjou.
6. D'Anjou.	Louis Ier.	1384 — 1385	
	Louis II.	1385 — 1416	Louis vend à Pierre de Beauvau.
7. De Beauvau.	Pierre.	1416 — 1425	La fille de Louis, Isabelle, épouse Jean II, dont le fils est Louis Ier de Bourbon.
	Louis.	1425 — 1472	
8. Bourbon-Vendôme.	Jean II	1472 — 1477	
9. Bourbon-Montpensier	Louis Ier.	1477 — 1520	
	Louis II.	1520 — 1582	
	François.	1582 — 1592	
	Henri.	1592 — 1608	
	Henriette de Joyeuse.	1608 — 1626	Marie, fille d'Henriette, épousa Gaston d'Orléans.
10. Bourbon-d'Orléans.	Gaston, frère de Louis XIII.	1626 — 1635	Gaston échange avec le cardinal de Richelieu.
11. Richelieu.	Armand Duplessis, cardinal.	1635 — 1642	
	Armand-Jean Duplessis, duc.	1642 — 1654	
10bis. Bourbon-d'Orléans.	Anne-Marie-Louise.	1654 — 1693	Est réintégrée par jugement.
	Philippe Ier	1693 — 1701	
	Philippe II	1701 — 1723	
	Louis.	1723 — 1750	Il vend au duc de Richelieu.
11 bis. Richelieu.	Louis-Armand Duplessis, duc.	1750 — 1788	
	Louis-Antoine Duplessis, duc.	1788 — 1791	Spoliation par l'État, qui vend à M. de Quinson.
	Armand-Emmanuel Duplessis.	1791 — 1791	
12. De Quinson.	François de Quinson.	1791 — 1825	Il lègue à son neveu M. de Costa.
13. De Costa.	Louis de Costa de Beauregard.	1825 — 1866	Il vend à M. de la Roche-Aymon.
14. De la Roche-Aymon.	Augustin-Louis de la Roche-Aymon	1866 — 1881	Mort en février 1881.
	Allard de la Roche-Aymon.	1881…	

(1) Pour quelques-uns des seigneurs et des chanoines, les époques que nous avons fixées n'indiquent pas les dates extrêmes de leur suzeraineté ou dignité; mais seulement la première et la dernière des années où nous les avons trouvés dans l'exercice de leur fonction, ou de leur droit de propriété.

TABLE CHRONOLOGIQUE

DES DIGNITAIRES

Du Chapitre Saint-Louis de Champigny.

DOYENS.

1. François Barbançois (1499-1520).
2. Étienne-Hardouin (1520-1545).
3. Michel-Gallais (1545).
4. Marc-Labbé.
5. Claude Babelot (1568-1569).
6. François de Mortaing (1569-1586).
7. René Barratte (1586-1610).
8. François Rousseau (1610-1623).
9. Nicolas Boulmer (1623).
10. C. Daunoy.
11. René Bazille (1643-1662).
12. Bernard Brigallier (1662-1674).
13. Marc Trochon (1674-1679).
14. Charles Stample de Marigny (1679-1691).
15. Guillaume Drouin (1691-1700).
16. Eustache Poirier (1700-1725).
17. Daunoy (1725-1731).
18. Guillaume Drouin (1731-1741).
19. François Grasly (1741-1766).
20. De Montima (1766-1771).
21. Pierre Bruneau de la Rabetellerie (1771-1789).
22. Antoine, chevalier de la Brosse (1789-1791.)

CHANTRES.

Lucas Poirier (1545).
Nicolas Guillet (1619).
René Durand (1643).
François Compagnon (1667).
François de Longueil (1669-1694).
Larcher (1698).
Nicolas Dienis (1700).
Charles-Vincent (1731).
Guillaume Mangot (1751-1790).

PREVOTS

François Roulière (vers 1650).
Étienne Admirault (1673-1705).
Étienne Favereau (1706).

Pierre Lebrun (1731-1761).
François - Louis Degoussay (1766-1790).

TRÉSORIERS.

Guillaume Pairault (1545-1558).
Thibault Néron (1598).
Jean Frappier (1643).

ErançoisVentadou (1667-1700).
Pierre Philippon - Duplessis (1731).

SOUS-CHANTRES.

Pierre Lamy (1545).
Marc Doussin (1549).
François Guillouet (1667-1683).

Charles Dumay (1683).
Mathurin Delaunay (1699).
Louis Allain (1731-1766).

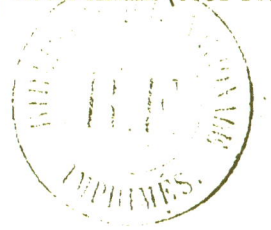

19

www.ingramcontent.com/pod-product-compliance
Lightning Source LLC
Chambersburg PA
CBHW070534100426
42743CB00010B/2080